いま読む！名著

マルクス『資本論』を読み直す

「富」なき時代の資本主義

沖 公祐
Kosuke OKI

現代書館

いま読む！名著

「富」なき時代の資本主義

マルクス『資本論』を読み直す

＊

目次

序章

マルクスはなぜ『資本論』を書いたのか

マルクスの生い立ち

カール・マルクス（Karl Heinrich Marx）は、一八一八年に、現在のドイツの西部に位置する古都トリーアでユダヤ教のラビ（宗教的指導者）を代々輩出する家系に生まれた。当時のドイツは未だ統一されておらず、大小の領邦国家が多数乱立している状態であった。トリーアは元々選帝侯国（神聖ローマ帝国の皇帝を決める選挙権をもつ選帝侯の治める国）だったが、ナポレオン戦争中にフランスに占領され、以後、ナポレオン軍が敗北するまで、二〇年近くフランスの統治下に置かれた。フランスに支配された地域には自由と平等を謳うフランス革命の精神が浸透し、カールの父ヘルシェルもかつてはユダヤ人に許されていなかった弁護士という職業に就くことができた。

ナポレオンが失脚した後、フランスから解放されたトリーアは、東方の大国プロイセンに組み込まれた。反動的なウィーン体制の下、プロイセン政府は、併合した地域に残るフランス統治時代の遺産を次々と破壊していった。その一つが、公的な職業からのユダヤ人の追放である。これにより、ヘルシェルは、プロイセンに帰属した後も弁護士を続けるために、ユダヤ教からキリスト教に改宗することを余儀なくされる（同時に名前もドイツ風のハインリヒに改める）。

プロイセン併合後のトリーアで生まれ育ったカール・マルクスは、ギムナジウムを卒業すると、同じライン地方のボン大学で一年間学び、その後、プロイセンの首都にあるベルリン大学に移った。マルクスは、当初、父と同じ弁護士となるために法学を精力的に学んだが、次第に哲学への関心を強め、哲学教授として大学に職を得ることを希望するようになる。

ベルリン大学は、ドイツ観念論を大成した哲学者ヘーゲルが最後に教鞭を取った大学であり、マルクスが進学したときにはすでに没していたものの、その影響力は色濃く残っていた。ヘーゲルは、若い頃は、フランス革命を熱狂的に支持した共和主義者だったが、ナポレオンの侵攻による神聖ローマ帝国の解体を目の当たりにして、共和制ではなく君主制――但し、君主権、統治権、立法権が分立する立憲君主制――こそが理想の国家の在り方だと考えるようになった。ベルリン大学赴任後の講義では、立憲君主制には未だほど遠いものの、いずれそれを実現する可能性があるものとしてプロイセン国家を擁護する構えを見せている。

ヘーゲル死後、彼の継承者たちのなかから、ヘーゲル左派（青年ヘーゲル派）と呼ばれる急進的なグループが現れる。幼少期に、プロイセンによってトリーアが反動化してゆくプロセスを経験したマルクスが、ベルリン大学進学後、政府に批判的な態度を取るこのグループに接近することになるのは当然であった。マルクスは、大学に職を得るために、古代ギリシアの自然哲学者エピクロスとデモクリトスに関する学位論文を執筆し、博士号を取得する。ちょうどその頃、プロイセン国王に即位したフリードリヒ・ヴィルヘルム四世は、保守的な哲学者シェリングをヘーゲル死後空位だったベルリン大学の哲学教授に迎えるなど、反体制的な思想・言論を抑圧する姿勢を明確に打ち出す。ヘーゲル左派でマルクスの年嵩の友人であるブルーノ・バウアーが大学を追われるに至って、大学教授になるという望みは絶たれる。以後、マルクスは、生涯にわたって、ジャーナリストを生業としていくことになる。

『資本論』の原点

大学教授への道が閉ざされた後、マルクスは、ヘーゲル左派が中心となって創刊された『ライン新聞』の編集者を務める傍ら、同紙のために多くの論説・記事を執筆する。それらのなかに、後に『資本論』として結実することになる経済学研究の発端となった論説がある。一八四二年にライン州議会で行われた「木材窃盗取締法に関する討論」についての論説がそれである。[*1]

ライン地方では、古くから、貧農が森林に入り、生活のために枯れ枝を集めることが認められてきたが、当時、この行為を所有権を侵害する窃盗として処罰するべきだという森林所有者からの声が高まっていた。これを受けてライン州議会で木材窃盗取締法を定めるための議論がなされるが、マルクスは『ライン新聞』でこの法律に反対する論陣を張る。論説のなかで、マルクスは、先ず、木材窃盗と枯れ枝集めの違いを指摘する。立ち木を伐採したり、伐採された材木を盗んだりする行為は所有権を侵す窃盗と言ってよいが、枯れ枝集めでは「〔自然力によって〕すでに所有権から切り離されてしまったものが、〔人の手によって〕所有権から切り離されるにすぎない」。[*2]立ち木から枯れ落ちた枝は、言わば、「自然の施し物」であって、「路上に投げられる施し物は富者が拾いあげるべきものではない」ように、森林所有者（富者）ではなく、貧者が受け取るべきものである。[*3]マルクスによれば、「貧民階級のこれらの慣習〔枯れ枝集め、落穂拾い、二番刈り等〕のなかには本能的な権利感覚が生きており、その慣習の根源は確固として正当なものである」が、州議会はこの慣習を犯罪と認定し、森林所有者の利益を最大化するための法律を制定してしまう。

ヘーゲルの法哲学によれば、市民社会における相対立する私的利害は、国家によって普遍的なものへと止揚されるはずであった。だが、現実にはそうなってはいない。「種々の私的利害の代表機関である議会は、国家を堕落させて私的利害の思想に変えてしまおうと望んでおり、またそうせざるをえない」のだが、それが実現するならば、「ただちに国家は、国家的手段を行使するという形式は維持しながらも、事実上私的財産の限られた領域に我が身を売り渡さなければならないことになる」[*4]。じっさい、木材窃盗取締法を巡る討論においても、ライン州議会によって、国家の権威は「森林所有者の召使」にまで貶められてしまっている[*5]。

この木材窃盗問題の厄介な点は、その原因がプロイセンの反動性（後進性）にあるのではないということである。枯れ枝集めなどの貧民の慣習的権利は、近代以前のドイツで通用していたゲルマン法（部族法）にその源泉をもつ。ゲルマン法の下では、「ある種の財産は私有財産とも断定できないし、そうかといって共有財産とも断定できない、きわめて曖昧な性格をもっており、中世の諸制度によく見られるような私法と公法との混合物であった」[*6]。ナポレオンに敗北したプロイセンは「上からの改革」によって近代化を進めることを余儀なくされるが、それに伴い設立された立法機関（議会）は「ローマ法にその原型をもつ現存の抽象的私法の諸カテゴリーを適用することによって、どっちつかずで曖昧な構造をもつ財産を廃棄した」[*7]。つまり、ほかならぬ近代的な立法機関の手によって「貧乏人の慣習的権利を金持ちの独占に変えてしまうこと」が成し遂げられたのである[*8]。

ライン地方で貧民の慣習的権利が廃止されるのはプロイセンによる併合後のことであるが、それは脱フランス化・反動化の一環として行われたのではない。むしろ、それは、フランス統治時代にナポレオン法典（コード・シヴィル）によってもたらされた私的所有権の絶対性が決定的で不可逆的なものであったことの帰結である。それゆえ、木材窃盗問題は、フランス革命を信奉する多くの進歩的知識人——マルクスの父ハインリヒもその一人であった——のように、自由（政治的解放）を求めることによって解決されるものではない。もちろん、マルクスからすれば、ゲルマニステンと呼ばれた一部の法学者たちのように、ゲルマン法の復権を訴えるといったことは問題にならない。確かに、マルクスは、論説のなかで、貧民の手に慣習的権利-慣習法（Gewohnheitrecht）——ドイツ語の **Recht** は権利と法の両方の意味をもつ——を返還することを要求しているが、その慣習法は「地方的でない慣習法、あらゆる国々の貧民の慣習法であるような慣習法」というおよそ慣習法とは言い難い代物である。[*9] 慣習法とは、特定の地域における歴史と伝統に根差したものであり、「地方的でない慣習法」というのは、本来、形容矛盾である。この時期のマルクスは、私的所有の全面開花が貧困をもたらすことを予見していたものの、そのメカニズムを解明するまでには至っていなかったために、このような屈折した表現を採らざるをえなかったのである。

政治的解放から人間的解放へ

政府に批判的な言論に対する弾圧を強める当局によって『ライン新聞』が発禁処分を受けると、マルクスはドイツを離れ、パリに居を移す。以後四〇年にわたる亡命生活の始まりである。マルクスは、比較的検閲の緩いフランスで、新しい雑誌『独仏年誌』を発行するために奔走する。パリに移った頃のマルクスの関心の中心は未だ哲学にあり、『独仏年誌』の創刊号には、ヘーゲルの法哲学を左派的見地から検討するための準備論文「ヘーゲル法哲学批判序説」のほか、ヘーゲル左派の旧友バウアーの二つの著作を批評した「ユダヤ人問題によせて」を掲載している。

マルクスが「ユダヤ人問題によせて」を書くきっかけとなったのは、バウアーがユダヤ人問題を組上に載せたことである。当時のプロイセンでは、マルクスの父が弁護士を続けるために改宗せざるをえなかったように、ユダヤ人——ここで言うユダヤ人とは、人種ではなく、ユダヤ教徒のことである——は公民権を与えられていなかったが、自由主義運動が昂揚するなかで、ユダヤ人の政治的な解放を求める気運が高まっていた。かつてフランスによる統治を経験したライン州では、そうした要求はとくに強かった。このような解放要求に対し、左派的な哲学者と目されていたバウアーが批判の声を上げたのである。

バウアーは著書『ユダヤ人問題』において次のような主張を展開した。ユダヤ人は、政治的な解放を訴えるが、プロイセンのようなキリスト教国家においてそうした解放を求めることは、国家に宗教（的偏見）を捨てることを要求することである。つまり、「キリスト教国家に対しては、その……本性そのものをなしている偏見を捨てよと要求するのに、ユダヤ教徒には要求しない」のである。[*10] これは一方的な要求である。ユダヤ人が政治的に解放されようと思うのであれば、ユダヤ人ではなく人間にならなければならず、したがって、ユダヤ教という宗教を捨てなければならない。このバウアーの主張は、宗教そのものを批判することにその真意があったが、結果的には、プロイセンの差別的なユダヤ人政策を追認するものとなっている。

このようなバウアーの態度は、マルクスにとって、当然容認できるものではなかった。マルクスは、ユダヤ人解放運動を退けるバウアーに対し次のような批判を展開する。バウアーは、ユダヤ人が政治的に解放されるためにはユダヤ教を放棄して人間にならなければならないと言うが、そう見えるのは、ドイツの諸国家が宗教から独立した政治的国家ではないからである。フランス以上に政治的国家が発達している北アメリカの自由諸州では、ユダヤ人は宗教をもったまま政治的に解放されている。このことから分かるように、「大多数の人々がなお宗教的である場合にさえ、国家は宗教から自己を解放してしまえる」のである。[*11] それは、選挙資格・非選挙資格に対する納税条件が撤廃され、財産が政治的に意味ある区別ではなくなったとしても、財産そのものがなくなるわけではないのと同じである。

ユダヤ人がユダヤ人のまま公民権を得ること、すなわち、「宗教的人間と公民とに解体される」ことは、バウアーの言うような「政治的解放の回避」であるどころか、「政治的解放そのもの」である。[*12] ユダヤ人の政治的解放を求める動きは、否定されるべきものではなく、政治的国家が不在であるプロイセンでは、むしろ、必要不可欠なものである。

もちろん、政治的解放によってすべてのことが解決するわけではない。政治的解放は、確かに「一大進歩」ではあるが、それは「人間的解放一般の最後の形式」ではないのである。[*13] 政治的解放の不十分性を指摘するために、マルクスは当時最もラディカルな憲法と言われたフランスの一七九三年憲法（ジャコバン憲法）の条文を参照する。フランス革命という政治的解放によって、フランスの人民は自由という人権を手に入れた。では、自由とは何か。「自由は、他人の権利を害しないすべてをなしうる、人の権能である」（人および市民の権利の宣言第六条）[14]。この自由は、信仰を含む内心だけでなく、自分の外部にまで及びうる。自由が及ぶ限界は（私的）所有権によって画される。一七九三年憲法によれば、所有権とは、「すべての市民が任意にその財産、所得、その労働およびその労務の成果を収益し、および処分する権利」（同一六条）、すなわち、「利己の権利」である。つまり、自由とは私的所有権によって画された範囲内で利己的《エゴイスティック》に振る舞うことのできる権利なのである。政治的解放（市民《ブルジョア》革命）は、人間を「利己的な人間」、市民社会の成員としての市民《ブルジョア》に還元すると同時に、政治的国家を樹立するが、この政治的国家はもっぱら私的所有権を保全するための手段として存在する。換言すれば、政治的国家の成員としての公民《シトワイヤン》は市民《ブルジョア》という「利己的な人間の召使」に貶められるのである[15]。木材窃盗問題でも見られたように、プロイセンのような政治的解放が不十分なところでさえそうであった。フランス革命という政治的解放は、確かに市民《ブルジョア》に自由をもたらしたが、それによって人間の類的存在《ガットゥングスヴェーゼン》（人間という類《ガットゥング》の真の在り方《ヴェーゼン》を意味するヘーゲル左派特有の言い回し）は、公民《シトワイヤン》として、抽象された人為的な人間として、疎外されてしまった。人間が最終的に解放されるためには、その類的存在を取り戻し、市民《ブルジョア》と公民《シトワイヤン》の分裂状態を解消しなければならない、マルクスはこう主張する。

現実の個別的な人間が、抽象的な公民を自分のうちに取り戻し、個別的人間のままでありながら、その経験的な生活において、その個人的な労働において、その個人的な関係において、類的存在となったときはじめて、つまり人間が自分の「固有の力」を社会的な力として認識し組織し、したがって社会的な力をもはや政治的な力の形で自分から切り離さないときにはじめて、そのときにはじめて、人間的解放は完成されたことになるのである。*16

哲学との決別

マルクスの批判するバウアーも人間的解放を見過ごしていたわけではない。むしろ、人間的解放を重視するからこそユダヤ人解放運動に反対したのであった。ドイツにおいて解放されていないのはユダヤ人だけではない。宗教的偏見に囚われているという点では、キリスト教徒も選ぶところはない。人間が真の意味で解放され、自由になるためには、ユダヤ教だけでなく、キリスト教も含めたあらゆる宗教がなくならなければならない。バウアーはこう主張する。もちろん、マルクスにあっても、人間的解放は宗教の揚棄を含んでいる。したがって、ユダヤ人問題をたんに宗教上の問題と捉えるならば、バウアーとマルクスの違いは、ユダヤ教の廃止という同じ最終目的に至るまでのプロセスの違いにすぎないことになる。すなわち、バウアーがユダヤ人（教徒）がユダヤ人（教徒）のまま政治的に解放されることの意義を認めないのに対し、マルクスはそれを人間的解放に到達するための重要なステップとして位置づけるところにしか違いがないことになる。

しかしながら、ユダヤ人問題はたんなる宗教問題に還元することはできない。そのことが、「ユダヤ人問題によせて」の第二部では、バウアーがユダヤ人問題を論じたもう一つの著作「現代のユダヤ人とキリスト教徒の自由になりうる能力」を批評しつつ説明される。ユダヤ人問題は、ユダヤ人がユダヤ教の教義の限界に目覚めて信仰を捨てれば片づくようなものではない。ユダヤ人問題を解決することが容易でないのは、ユダヤ教が「現世的基礎」をもっているからである。ユダヤ教の「現世的基礎」とは、「実際的な欲望、私利」である。[*17] そして、ユダヤ人の現世の祭祀は、「穢い商売」であり、現世の神は「貨幣（*Geld*）」である。仮に、高利貸や商業といった「穢い商売」が不可能であり、「金力－貨幣の力（Geldmacht）」が何の効果ももたないとすれば、ユダヤ人は存在することができないだろう。しかし、「実際的な欲望、利己主義」は、ユダヤ教の原理であるばかりでなく、「市民社会の原理」でもある。[*18] 貨幣もまた市民社会においては「その前には他のどんな神の存在をも許さない」ような唯一の神である。「ユダヤ教は市民社会の完成をもってその頂点に達する」のであり、そこではキリスト教徒を含めたあらゆる市民《ブルジョア》がユダヤ人（教徒）である。[*19]

マルクスは、ユダヤ人問題をバウアーのようにたんに宗教問題として捉えるのではなく、穢い商売で稼ぐ拝金主義者というユダヤ人の通俗的イメージを逆手に取り、こうしたイメージが現実の市民社会に根拠をもっていることを明るみに出す。「市民社会はそれ自身の胎内から、絶えずユダヤ人を生み出す」のである。ゆえに、実際的な欲望と利己主義《エゴイズム》に基づく市民社会が克服されなければ、

「ユダヤ人の社会的解放」はありえず、したがって、「ユダヤ教からの社会の解放」もありえない。[*20]論説「ユダヤ人問題によせて」のこの結論は、マルクスの問題意識が、もはや、宗教的次元は無論のこと、哲学という枠組みにすら収まり切らないものとなったことを示している。

「ユダヤ人問題によせて」を書いた後、マルクスは、パリで出会った若きドイツ人実業家フリードリヒ・エンゲルス――彼はマルクスの終生の盟友となる――と共同で、バウアー批判の書『聖家族』や、バウアーに加えてフォイエルバッハやシュティルナーといったヘーゲル左派の大物を撫で斬りにした『ドイツ・イデオロギー』――この本は出版されなかった――を執筆し、ヘーゲル左派との関係を清算する。「哲学者たちは世界をたださまざまに解釈してきただけである。肝心なのはそれを変えることである」という有名な言葉を残し、マルクスは、以後、研究の軸足を哲学から経済学へ移してゆくことになる。[*21]

プルードンとの出会い

マルクスが経済学研究に打ち込むもう一つのきっかけとなったのはフランスの（無政府主義的）社会主義者ピエール＝ジョセフ・プルードンの思想である。フランス東部のブザンソンの貧しい家庭に生まれたプルードンは、マルクスのように高等教育を受けたわけではなく、印刷職人として働く傍ら、独学で学問を修めた。プルードンの名を一躍世に知らしめたのが、彼が三一歳のときに出版した『所有とは何か』である。「所有とは盗みである」という挑発的な警句で知られるこの本の目的は、自らも体験してきた貧困の原因を究明することにあった。プルードンは、フランス革命が打ち立てた私的所有権の絶対性を疑い、「所有は不可能である」という命題を丹念に論証してゆく。[*22] その際、プルードンが依拠したのが、古典派経済学の理論である。古典派経済学はアダム・スミスによって創始され、デヴィッド・リカードによって完成されたイギリスの経済学――プルードンが実際に参照しているのは古典派経済学のフランスにおける継承者であるジャン゠バティスト・セー――である。古典派経済学（セー）によれば、「ある物の絶対的な価値は、その物にかかる〔労働〕時間〔に支払われた賃金〕と費用である」。[*23] 例えば、ある物を作るのに一万フランの材料と五万フラン分の労働が必要であれば、その物の価値は六万フランとなる。この通りであれば、労働者を雇う資本家は利潤を得ることができないはずである。しかし、現実には、資本家は莫大な財産を築く一方で、労働者は貧困に喘いでいる。このことは、価値通りの交換が行われていないことを意味する。

プルードンは、不等価交換を可能にするからくりを「集合力」という概念を使って説明する。[*24] 千人を二〇日間働かせるのに必要な賃金は一人を五五年間働かせるための賃金とほぼ同じである。しかし、千人が二〇日間行う労働は、一人が百万世紀かかっても行いえないことを成し遂げる。この差が「集合力」である。多くの労働者を集めて働かせる資本家は、「集合力」に対する正当な支払いをすることなく、その成果を労働者から盗んでいるのであり、利潤はそこから生まれる。ゆえに、「所有とは盗みである」とプルードンは糾弾するのである。

マルクスは、バウアー批判の書『聖家族』のなかで、プルードンの『所有とは何か』に触れ、「経済学の基礎たる私的所有に、批判的検討を、しかも最初の決定的な、遠慮のない、それと同時に科学的な検討を加える」ものであり、このことは「彼が為遂げた大きな科学的進歩であり、経済学を革命し、真の経済科学をはじめて可能とした進歩である」として高く評価している。[*25] しかしながら、プルードンは、私的所有によって貧困が生まれることを非難したものの、私的所有そのものは否定しなかった。「所有とは盗みである」という警句はそのラディカルな見かけとは裏腹に、盗まれる財産＝所有というものをあらかじめ前提している。「ものを排他的に取引したり、利用したり、享受したりする」権利、すなわち、私的所有権は、「自由の本質そのもの」であり、それを否定すれば、「人間の体と心に、そして運動の能力にも損傷を与える」ことになる。[*26] このように考える限り、プルードンの立場は自由を私的所有権によって基礎づけるフランス革命の精神から大きく逸脱するものではない。じっさい、プルードンは、私的所有権を否定する共産主義やその実現のために権力を奪うこと（革命）に対し、一貫して批判的であった。パリ滞在中に『独仏年誌』への寄稿を依頼するなど――この企画は実現しなかった――一時接近したものの、人間的解放には私的所有権に基づく市民社会の超克が不可欠であると考えるに至ったマルクスが、プルードンと袂を分かつことになるのは必然であった。

プルードンの考えでは、私的所有そのものは廃止されるべきではない。私的所有から貧困が生じるのは資本家が「集合力」の成果を不正に盗取しているからであって、それが労働者に平等に分割され、その条件下で各人が生産した所有物を交換し合うならば、富は平等に分配される。注目すべきなのは、この主張が古典派経済学の価値論（いわゆる労働価値説）から導き出されているということである。労働に基づく私的所有を前提とする労働価値説は、不労所得を否定する平等の原理となりうるとプルードンは考えたのであった。

マルクスは、後に出版するプルードン批判の書『哲学の貧困』（その前年に出たプルードンの『貧困の哲学』の捩り）のなかで、労働価値説から平等の原理を導き出す彼のやり方を「リカード理論のユートピア的解釈」であると非難する。*27 もっとも、労働価値説が不平等を解決する「プロレタリアート解放の『革命的理論』」ではなく、むしろ、「近代的な労働者奴隷制の公式」であるというマルクスの主張が論証されるには、経済学の本格的研究が不可欠であった。

『資本論』の執筆

資金不足により『独仏年誌』が廃刊になった後、マルクスはパリのドイツ語新聞『前進《フォアヴェルツ》』に記事を載せ始める。この新聞を危険なものと判断したプロイセン政府は、フランス政府に対し、マルクスをはじめとする亡命ドイツ人を追放するように要請する。こうして、パリに留まることができなくなったマルクスは、ベルギーのブリュッセルに移り住む。亡命者の受け入れに寛容なベルギーは、当時、ヨーロッパ大陸における共産主義運動の一大拠点になりつつあった。マルクスは、自身の主導で結成された共産主義者同盟のために、「一つの幽霊がヨーロッパを彷徨っている――共産主義の幽霊が」という有名な文句で始まる政治的パンフレット『共産党宣言』を執筆する。このパンフレットのなかで、マルクスは、市民《ブルジョア》社会とは、市民《ブルジョア》だけから成る平等な社会ではなく、ブルジョアジー（資本家）がプロレタリアート（労働者）を搾取する階級社会であるという見方を披瀝する。（私的）所有（Eigentum）に基づく市民《ブルジョア》社会のなかで、プロレタリアートは、何も所有していない、「無所有（eigentumslos）」の階級であるがゆえに、「真に革命的な階級」である。*[28] ブルジョアジーによるプロレタリアートの搾取を終わらせるには、私的所有を廃棄しなければならない。それが叶うならば、私的所有に基づいて利己的《エゴイスティック》に振る舞うことが自由を意味するような市民《ブルジョア》社会に代わって「各人の自由な発展が万人の自由な発展の条件であるような一つの協同社会」、すなわち、共産主義社会が現れる。*[29] 市民社会を打倒するために、「万国のプロレタリア団結せよ！」、『宣言』はこう結ばれる。*[30]

『共産党宣言』を書き上げた直後の一八四八年二月、マルクスの呼び掛けたことが現実になる。フランスで革命が勃発したのである（いわゆる二月革命）。革命の炎がヨーロッパ大陸全土に飛び火し、ドイツでも革命が起こると、マルクスは急ぎ帰国し、言論面で革命を後押しするために『新ライン新聞』を発刊する。しかし、フランスでもドイツでも結局は反動勢力が勝利を収め、一八四八年革命は失敗に終わる。プロイセン・フランス両政府に追われ、ヨーロッパ大陸に居場所がなくなったマルクスは、対岸のイギリスに亡命することを余儀なくされる。

ロンドンに居を定めたマルクスは、政治運動とジャーナリストとしての仕事、さらには、生活苦によって時折中断させられながらも、大英博物館に足繁く通い、懸案であった経済学の研究に打ち込む。マルクスは当時読むことのできたほとんどすべての経済学者の著作に目を通し、詳細な注釈を付した抜粋ノートを残している（これらは没後に『剰余価値学説史』として出版される）。マルクスは、原稿を何度も書き直しながら、一〇年近い歳月をかけて、一八六七年（日本の明治維新の前年）に『資本論』第一巻を出版する（『資本論』第二巻と第三巻は、存命中に完成させることはできず、マルクスの死後、盟友エンゲルスによる編集・修正を経て出版された）。

一八四八年革命の敗北を経験したマルクスは、『資本論』で市民社会《ブルジョア》の強靱さを解明することに力を注いだ。経済学研究を通じて、市民社会《ブルジョア》の土台が資本主義的生産様式であることがはっきりと認識されるようになる。このことを明示化するために、『資本論』では、市民社会《ブルジョア》は「資本主義的生産様式が支配している社会」と表現される*[31]（本書では簡略化のためにたんに「資本主義」と呼ぶ）。資本主義は、資本・賃労働関係に基づく搾取の体制であるばかりでなく、利潤追求を通じて不断に生産力を向上させ、富を増大させる史上類を見ないシステムである。「絶えず拡大し包括的となっていく、労働種類・生産種類の体系の発展」は「絶えず拡大されますます豊かになっていく、諸欲求の体系」をもたらす。つまり、資本は社会に対し「偉大な文明化作用」を及ぼすのである*[32]。蒸気船や鉄道、電信といった画期的なテクノロジーを次々と生み出す資本主義にマルクスは魅了されてさえいる。もちろん、マルクスは、資本主義が未来永劫続くとは考えていない。『資本論』は、資本主義の強靱さを描き出すだけでなく、その限界をも明らかにしようとしている。資本主義の発展は、資本主それが一定の段階に達すると、自らの土台を掘り崩すようになる。そのときにこそ、「資本主義的私有の最期を告げる鐘」が鳴る。マルクスは、遠くない将来、革命の秋が到来するに違いないという希望を抱きつつ『資本論』を書いている。

事後的に見れば、このマルクスの期待は裏切られた。マルクスの予想に反して、成熟した資本主義国では、(少なくともこれまでのところ)革命は起きなかった。曲がりなりにも社会主義を実現したのは、資本主義が確立していない国であったし、そうした社会主義諸国もいまではその多くが姿を消した。このことから、『資本論』を間違った見通しに基づいて書かれた時代遅れの本と片づける人もいる。確かに、『資本論』で描かれている資本主義の姿は古めかしい。現代のグローバリゼーションや金融化をマルクスは想像することさえできなかっただろう。

そうだとすれば、今日『資本論』を読む意味はどこにあるのだろうか。それはマルクスの先見性ではなく、『資本論』のもつ「抽象力」にこそある。マルクスは、『資本論』第一巻第一版の序文で次のように述べている。「経済的諸形態の分析では、顕微鏡も化学試薬も役には立たない。抽象力がこの両方の代わりをしなければならない」[*33]。マルクスが「抽象力」を用いて行った資本主義の顕微解剖こそが、一五〇〇年の時を超えて『資本論』を読む価値のあるものにしている。また、マルクスは、別の場所で、こうも言っている。「人間の解剖は、猿の解剖のための一つの鍵である。反対に、より低級な動物種類にあるより高級なものへの予兆は、このより高級なもの自体がすでに知られている場合にだけ、理解することができる」[*34]。この点で、マルクスが経験することのできなかった資本主義の変容を知るわれわれは有利な立場にある。『資本論』の「抽象力」という顕微鏡を通して現代資本主義を見るならば、資本主義という特殊歴史的な社会システムをより深く理解することができるだけでなく、人間的解放についても新たな展望が開けてくるに違いない。

本書の構成

『資本論』の「抽象力」を用いて資本主義の成り立ちを解明するために、本書では「富」をキーワードに据える。意外に思われるかもしれないが、『資本論』は「富」に対する透徹した眼差しに貫かれた書物である。『資本論』は「近代社会〔資本主義〕の経済的運動法則を明らかにすること」を「最終目的」としているが、[*35] その出発点に据えられているのは資本主義では社会の「富」が「巨大な商品の集まり」として現れるという認識である。マルクスのこの認識の独創性を示すために、まず、第1章では、富という概念の系譜を概観する。その上で、社会の「富」が「巨大な商品の集まり」として現れる資本主義の特殊歴史性を「空虚」という資本の出自から明らかにする。

続く第2章では、資本主義と貨幣の関係を俎上に載せる。『資本論』では、理論上は、資本は貨幣の転化したものとして説明されているが、マルクスの歴史認識は実はこの説明とは異なる。歴史的には、市場が貨幣を生み出したのではなく、社会の外部にある市場が社会を包摂したことによって貨幣は出現したのである。また、貨幣形態の「生成《ゲネシス》」を説く価値形態論の検討を通じて、貨幣が二つの身体をもつこと、また、そのことが商品世界に安定性をもたらすと同時に不安定化させる要因にもなりうることを示す。

第3章では、「賃労働者は自由なのか」という一見自明な問いについて考えてみる。賃労働者は奴隷とは違って自由な存在であると普通は考えられる。なぜなら、賃労働者は労働力を売り渡しても、自分そのもの（固有性《プロパティ》）は手放さないからである。この章では、労働システムの変遷を駆け足で跡づけながら、賃労働者の固有性が資本によって徐々に解体され、奪われてきたプロセスを明るみに出す。

第4章では、近年、グローバリゼーションという新たな傾向が生じてきた理由を資本蓄積（生産拡大）の「制限」と「限界」という観点から説明する。資本蓄積は「制限」を乗り越えながら進行するが、乗り越え不可能な「限界」に突き当たったときには、資本本来の「脱領土化」傾向が現れる。一九七〇年代以降のグローバリゼーションはアメリカ中心の資本主義（パクス・アメリカーナ）が「限界」に直面したことから生じたものであるが、それは多国籍企業の下での新たな国際分業を作り出しただけでなく、資本の「幽霊化」という現象をも生み出していることを説明する。

終章では、グローバリゼーションが帰結した世界的な「大不況《グレート・リセッション》」が何を意味するのかを考える。グローバリゼーションが加速度的に進展した一九九〇年代には、金融化（金融拡大）というもう一つの傾向が現れた。金融化は資本主義のヘゲモニーがイギリスからアメリカに移行した一九世紀末から二〇世紀初めにかけても見られたが、そのときの金融化では、グローバルな産業金融が証券化を通じて行われたのに対し、今回は公的債務と家計債務の著しい膨張に支えられている点に特徴がある。このような金融化は、資本蓄積の促進を通じて社会に富をもたらす産業金融とは反対に、社会の富を破壊する方向に作用する。この破壊的金融化の先に何があるのか。本書の締め括りにこのことを展望的に論じようと思う。

＊1　マルクスは、『資本論』に先立って出版された『経済学批判』の序言のなかで、『ライン新聞』の編集者として木材窃盗問題をはじめとする「物質的利害に口出しせざるをえないという困った破目に陥った」ことが「私に経済問題に携わる最初のきっかけを与えた」（カール・マルクス、『経済学批判』、一四ページ）と述懐している。

＊2　カール・マルクス＝フリードリヒ・エンゲルス、『マルクス＝エンゲルス全集』第一巻、一二九ページ、〔　〕内筆者補足。

＊3　『マルクス＝エンゲルス全集』第一巻、一三八ページ

＊4　『マルクス＝エンゲルス全集』第一巻、一四六ページ

＊5　『マルクス＝エンゲルス全集』第一巻、一五一ページ

＊6　『マルクス＝エンゲルス全集』第一巻、一三六ページ

＊7　『マルクス＝エンゲルス全集』第一巻、一三七ページ

＊8　『マルクス＝エンゲルス全集』第一巻、一三九ページ

＊9　『マルクス＝エンゲルス全集』第一巻、一三三ページ

＊10　ブルーノ・バウアー、『ユダヤ人問題』、四－五ページ

＊11　『マルクス＝エンゲルス全集』第一巻、三九一ページ

＊12　『マルクス＝エンゲルス全集』第一巻、三九四ページ

＊13　『マルクス＝エンゲルス全集』第一巻、三九三－三九四ページ

＊14　『マルクス＝エンゲルス全集』第一巻、四〇二ページ

＊15　『マルクス＝エンゲルス全集』第一巻、四〇五ページ

＊16　『マルクス＝エンゲルス全集』第一巻、四〇七ページ

＊17　『マルクス＝エンゲルス全集』第一巻、四〇九ページ

＊18　『マルクス＝エンゲルス全集』第一巻、四一一ページ

＊19　『マルクス＝エンゲルス全集』第一巻、四一二ページ

＊20　『マルクス＝エンゲルス全集』第一巻、四一四ページ

＊21　『マルクス＝エンゲルス全集』第三巻、五ページ

＊22　ピエール＝ジョセフ・プルードン、『所有とは何か』、一七三ページ

＊23　『所有とは何か』、一六一ページ、〔　〕内筆者補足。

＊24 『所有とは何か』、一四三ページ
＊25 『マルクス＝エンゲルス全集』第二巻、二九ページ
＊26 ピエール＝ジョセフ・プルードン、『貧困の哲学』（上）、三二五、三二八ページ
＊27 『マルクス＝エンゲルス全集』第四巻、七九、八一ページ
＊28 『マルクス＝エンゲルス全集』第四巻、四八五ページ
＊29 『マルクス＝エンゲルス全集』第四巻、四九六ページ
＊30 『マルクス＝エンゲルス全集』第四巻、五〇八ページ
＊31 カール・マルクス、『資本論』(1)、七一ページ。「資本主義（Kapitalismus）」という言葉は、マルクス自身は基本的に使っておらず、二〇世紀に入ってマックス・ウェーバーやヴェルナー・ゾンバルトが多用したことにより、人口に膾炙した。
＊32 カール・マルクス、『資本論草稿集』②、一七一一八ページ
＊33 『資本論』(1)、二二ページ
＊34 『資本論草稿集』①、五八ページ
＊35 『資本論』(1)、二五ページ、〔　〕内筆者補足。

第1章
資本主義の「起源」

ここでは、まず本書のキーになる「富」という概念を深く考えていきたい。
17・18世紀のヨーロッパで影響力を持っていた重商主義においては、
貨幣こそが富「である」と考えられていたが、
アダム・スミスはそれに反して必需品と便益品こそが富「である」と考えた。
対して、マルクスは、富は「巨大な商品の集まり」として「現れる」と述べる。
つまり、マルクスは、立てるべき問いは、「富とは何か」ではなく、
特定の生産様式が支配する社会の下で「富はどう現れるか」である、
という宣言をしたのだ。マルクスによれば、
資本の社会内部への浸透という出来事が、
富が「巨大な商品の集まり」として現れる新しい社会を生み出したのである。

1　富という問い

余剰としての富

『資本論』は次のような書き出しで始まる。

資本主義的生産様式が支配している社会の富は、「巨大な商品の集まり」として現れ、個々の商品はその富の要素形態として現れる。それゆえ、われわれの研究は商品の分析から始まる。*1

この冒頭の文章には『資本論』を読み解くための手掛かりが幾つも含まれているが、他の点は後に見ることにして、ここではまず富という言葉に着目しよう。

『資本論』が書かれた当時、富という語から誰もが連想したに違いない、あまりにも有名な著作があった。言うまでもなく、アダム・スミスの『国富論』であるが、マルクスが富という語を冒頭に置くに当たって――ドイツ語原文は「富（Reichtum）から始まる――、同じ富（wealth）を題名に掲げたこのスミスの著作が念頭になかったということはまず考えられない。つまり、この文章は『国富論』を強く意識した書かれたものなのである。

スミスは、『国富論』で、国の富はその国民が「年々消費する生活の必需品と便益品」[*2]であるとしている。スミスの言う「生活の必需品と便益品」とは、食料や衣類といったありふれた日用品のことである。この富の定義には違和感があるかもしれない。衣食足るにすぎない生活は富んでいるとは言い難いのではないか。そうした生活上の必要を超えた余裕こそが富という言葉に相応しいのではないか。そう思われるかもしれない。

実は、この富の定義は当時としても常識に反するものであり、スミス自身そのことを十分承知していた。『国富論』が書かれた一八世紀イギリスでは、重商主義と呼ばれる経済思想が未だ大きな影響力をもっていたが、その富の捉え方はスミスのそれとはまったく異なるものであった。スミスが『国富論』を執筆した最大の目的は、重商主義的な富把握を刷新することにあったといってよい。

では、重商主義者たちは、富をどのように捉えていたのか。彼らは、日々消費される必需品や便益品ではなく、そうした消費を超えるものこそが富であると考えた。この考えの方が、現代の読者には、馴染みがあるのではないだろうか。じっさい、私たちは、家計をやり繰りするとき、これとよく似た富の観念を抱いている。所得（収入）から消費（支出）を差し引いた残りがあれば、それだけ家計は豊かになる。所得が変わらなければ、消費を切り詰めて節約することが、財産を殖やす唯一の方法である。重商主義者たちは「この法則は、国の場合にも必ず同様に働く」と考えた。[*3] すなわち、国にとっての収入とは国内で生産されたもの全部であるが、この全生産物のうち、国民によって消費されなかった余り、余剰が富になると考えたのである。

だが、消費分を上回る余剰があるだけでは富が生み出されたとは言えない。生産物のなかには時間の経過に耐えられないものもあるからである。つまり、せっかく余剰が生じても、腐敗・劣化するなどして駄目になってしまう可能性がある。重商主義者たちは、この限界を突破するには、余剰が耐久性のあるものになる必要があると考えた。この耐久性のあるものが、金銀をはじめとする財宝（treasure）、すなわち、貨幣である。[*4] 一七世紀イギリスの哲学者であるジョン・ロック――経済学説としては重商主義に分類される――はこう述べている。貨幣とは「人間が腐らせることなしに保存できる何か耐久性のあるものであり、また、人々が、相互の同意によって、真に有用でありながら消滅する生活の必需品と交換に受け取るものである」[*5]。そして、この耐久性のあるもの、すなわち、財宝が国内で産出されない場合、余剰を輸出して外国からそれを手に入れねばならない。重商主義は貿易差額主義とも呼ばれるが、彼らが貿易収支を黒字にすることによって貨幣（金銀）を獲得すべきだと主張したことの背景にはこのような考え方があったのである。

自己愛と自尊心

スミスは、重商主義は「富とは貨幣すなわち金銀である」とする立場だと説明しているが[*6]、それ自体は間違いでないとしても、重商主義者たちが貨幣（金銀）に込めていた意味を考慮に入れなければ、その真意を理解することはできない。重商主義者たちは、長期にわたって貯蔵可能な、耐久性のある余剰が富であると考えた。重商主義の文献のなかで、富がしばしば貯え《ストック》と言い換えられるのはそのためである。金銀（財宝）はそのような貯えとして最適な素材である。なぜなら、金銀は必需品や便益品として消費されることがほとんどなく、また高い耐久性を備えているからである。

では、余剰を貯蔵《ストック》することにはどのような意味があるのか。必要を超える余剰とは、本来的には、不要なもの、つまり、無駄である。もちろん、余剰が無駄であるのは、一時点に限った場合であって、時間の経過を考慮するならば、話は変わる。すなわち、現時点では不要な余剰も、長期間にわたって貯蔵することができれば、将来においては必要となる可能性がある。じっさい、私たちが貯蓄をするときにも、将来起こるかもしれない不測の事態に備えようという計算が働いている。

だが、重商主義者たちにとっては、余剰の貯蔵には、将来のための準備に留まらない、もっと積極的な意味が含まれていた。この点を理解するためには、遠回りに思えるかもしれないが、当時の人々が人間の情念をどのように考えていたかを見ておく必要がある。

思想史家のアーサー・O・ラヴジョイによれば、一七・八世紀の著作家たちは、人間の情念を二つに区分していたという。第一の情念においては、人間は「『自分自身にだけ関心を持ち』、つまり他の人々を全く考慮に入れず、おのれの内部に、自発的にまた『自然に』生まれてくる欲望と衝動を、おのれ自身と他者との如何なる意識的な対比もしないで充足させることだけに専念」しようとする。[*7] 一八世紀フランスの哲学者ジャン＝ジャック・ルソーは、この情念を「自己愛（amour de soi-même）」と呼んだが、ルソーによれば、それは「自己保存」に関わるものであり、あらゆる動物に共通する「自然な感情」である。[*8] 人間の情念の対象がこのような「自己保存」、つまり、生活維持のために必要なもの（必需品と便益品）に限られるとすれば、余剰はたんなる無駄か、せいぜい将来の必要のための準備にすぎないことになる。

しかしながら、当時の著作家たちはそうは考えなかった。人間には「自己愛」とは異なる、人間特有の情念がある。ラヴジョイによれば、この第二の情念は、第一のそれが自己の保存しか関心をもたないのとは対照的に、「つねに他者との比較を含意しており、競争心のうちに、またそれに触発された行動のうちにおのれを現す」という。ルソーのいわゆる「自尊心（amour-propre）」であるが、それは「社会のなかで生まれる相対的で人為的な感情」である。つまり、社会的存在としての人間（社会人）には、他者よりも優越し、他者を支配しようとする情念があるというのである。一七・八世紀の著作家たちは、驚くほどの労力と紙幅を費やしてこの社会的な情念を解明しようとした。そして、余剰が富だという重商主義の考え方もこの当時の思想的潮流に掉さしている。だが、余剰が「自尊心」とどうつながるのか。

この疑問に答えるために、一七世紀を代表する哲学者であるトマス・ホッブズの主著『リヴァイアサン』を参照してみよう。ホッブズもこの当時の思想家の例に洩れず人間の情念を二つに大別する。ホッブズは、第一の情念を「安楽と感覚的喜びへの欲望」と呼び、第二の情念を「権力への欲望」と呼ぶ。[*9] ホッブズによれば、第一の欲望が求める「自己保存」は不可譲の自然権であるが、第二の「権力への欲望」が「永遠の、休むことのない欲望」であるがゆえに、「自己保存」を脅かす「万人の万人に対する戦争」状態が生じざるをえない。この二重拘束《ダブル・バインド》的状況を解決するためにもち出されるのが、ホッブズの社会契約であるが、それはともかくとして、ここで重要なのは、ホッブズが権力を富と関連づけている点である。ホッブズは、「富とは権力である」と端的に述べる。[*10] とはいえ、富そのものが権力なのではない。富が権力となるのは、それが「気前のよさ」と結びついたときである。守銭奴の貯め込んだ余剰は権力をもたらさない。気前よく振る舞われた場合にのみ、余剰は他者を支配する力＝権力となりうる。余剰の贈与がそれを受け取った者に「負い目」を負わせ、贈った者との間に支配・従属関係を生み出すからである。

余剰は、贈与を通じて、権力をもたらすだけではない。そもそも余剰自体が権力の産物であるとも言える。自分の必要を遥かに超えるほどの余剰を自力で獲得することは難しい。大抵の余剰は、権力（暴力）を背景にして、他人から収奪するか、他人を強制的に働かせるかして得られたものである。この意味で、余剰は権力の原因となりうるだけでなく、権力の結果でもあるのである。

国家《ステート》の富から国民《ネーション》の富へ

権力者の側から見たとき、いつの時代にも重要なのは余剰が収奪可能なものであることである。計測や貯蔵が困難であるようなものは収奪の対象にはなりにくい。長期間貯蔵《ストック》することが可能な穀物は、この点で租税として徴収するのに適している。もちろん、貯蔵《ストック》という面だけから見れば、穀物よりも金銀の方が優る。第一に、耐久性の点で金銀は穀物よりも優れている。穀物は傷みにくいとは言え、いずれ消費しなければ無駄になるが、金銀はほとんど永続的な耐久性をもつ。第二に、穀物には食料として消費する（あるいは種子として用いる）しか使い道がないが、金銀は（権威を示すために装飾として用いる以外にも）貨幣として用いることができる。もっとも、金銀の貨幣としての使用は、その歴史こそは古いものの――古代メソポタミアではすでに銀が貨幣として使われていたという記録が残っている――、近代以前には、市場の役割がきわめて限定的であったために、広範なものとはならなかった。ゆえに、洋の東西を問わず、近代以前の国家のほとんどが金銀ではなく穀物を租税制度の中心に据えてきたのである。

重商主義の時代に入ると、金銀（貨幣）の国家にとっての重要性は飛躍的に高まった。いわゆる「地理上の発見」によって幕を開けたのは、開かれた世界市場で商人が自由に競い合う平和の時代ではなく、植民地と航路の領有を巡って国家同士が文字通り血みどろの争いを繰り広げる戦争の時代である。商人がアメリカ大陸やアジアとの貿易で巨額の利益を上げるためには、国家（国王）による軍事的支援が不可欠であった。そのためには、当然、莫大な軍事費、すなわち、貨幣（金銀）が必要となるが、その貨幣は貿易を通じて商人から国家にもたらされた。つまり、この時代、国家（国王）と商人は貨幣を介して相互補完的な関係を結んでいたのである。重商主義の提唱者には商人が少なくないが、そのことは国家の富（貨幣）を殖やすことが商人の利益にも叶っていたことを示している。

重商主義が国家《ステート》の富を殖やすことを目的としていたのに対し、スミスは、彼の著書のタイトルが示しているように、国ないし国民《ネーション》の富の拡大を目指した（『国富論』の正式名称は『諸国民《ネーション》の富の性質と原因に関する探究』である)。スミスは、権力者の「自尊心」を満たす財宝=貨幣ではなく、国民の「自己愛」に関わる生産物が富であると主張した。彼は国民の消費する必需品と便益品の潤沢さが国の富裕度を表すと考えたが、だからといって、国内消費の抑制を説いた重商主義とは反対に、スミスが贅沢な生活を賛美したというわけではない。*11 むしろ、重商主義以上に、浪費を控えて節約に努めることの必要性を強調した。

重商主義者は、節約によって生まれた余剰が貨幣という形態で貯えられることを重視したが、スミスは、余剰を貯えるのではなく、投資に回して生産を拡大すべきだと主張した。生産が拡大されれば、その分労働者の雇用が増える。より多くの国民に必需品と便益品が行き渡ることになるのである。それだけではない。余剰をただ貯えるよりも、労働者の追加的雇用に使った方が、より多くの余剰が生まれる。このスミスの考えを簡単な例を使って説明しよう。

いま、一〇〇単位の必需品・便益品で(正確にはそれらを買える貨幣で)労働者を雇い、一二〇単位の必需品・便益品が生産できたとしよう。このとき、二〇単位を貯え、一〇〇単位を次の生産のために投資すれば、再び一二〇単位の必需品・便益品が得られる。先の貯えと合計すれば、一四〇単位となる。一方、一切貯えずに一二〇単位すべてを投資に回せば、生産規模が拡大し、一四四単位の必需品・便益品が得られる。つまり、二〇単位の余剰をただ貯えても二〇単位のままだが、生産に投じれば、二四単位に殖えるのである。同じことを後一〇回繰り返せば、その差は二倍以上にもなる。さらに、この余剰の増殖は、生産の拡大に伴う分業の発展によっても促進される。スミスが考えていたのは、このような生産物が労働を通じてさらなる生産物を生み出すという好循環、つまり、（拡大）再生産である。

スミスが再生産の重要性に想到したのは、フランス外遊中の、重農主義者との交流を通じてであったと言われる。当時のフランス経済は、前世紀以来採られてきたフランス版の重商主義政策、コルベール主義によって著しい困難に直面していた。国内の再生産を犠牲にして対外貿易を推進した結果、農村は疲弊し、また、戦費や国王の浪費によって財政は破綻寸前となっていた。フランソワ・ケネーをはじめとする重農主義者は、貿易ではなく、農業を中心とした再生産こそが富の源泉であるとし、政策の転換を求めた。『国富論』のなかで、スミスは、彼らの学説を「これまでに経済の問題について発表されたもののうちで、もっとも真理に迫ったもの」と高く評価している。[*12]

重商主義的な富の獲得に国家の支援が不可欠であったのとは対照的に、再生産には国家は介在しない。それどころか、再生産という観点からすれば、国家の富（租税）は少ない方がより多く投資に回せる分だけ有利である。重商主義においては、生み出された余剰は輸出されるだけであり、投資に向かうとは考えられていなかった。貿易によって得られた利益は、植民地を獲得・維持したり、他国を航路から締め出したりするための軍事力の増強に振り向けられた。とりわけ、植民地は高く売るための販路として、あるいは、安く買うための供給源として重要な意味をもつとされた。だが、スミスにとっては、多額の軍事費を要する植民地の維持は国家による浪費でしかなく、むしろ国民の富を拡大する妨げとなる。スミスは、独立戦争の最中に出版された『国富論』のなかで、アメリカ植民地を放棄すべきだとさえ訴えた。『国富論』の言う国富が国家《ステート》の富ではなく、国民《ネーション》の富である所以である。[*13]

スミスによれば、国の富裕度は国庫に貯えられている金銀の豊富さではなく、どれだけ多くの国民が必需品と便益品を享受できているかによって測られる。それればかりではない。そもそも貯え《ストック》自体が無駄なものであって、富ではないとスミスは考えた。[*14] 浪費は言うまでもないが、貯えも生産したものを活用していないという点では同じである。スミスが思い描いているのは、生産物が必要なところに行き渡っていて過不足のない状態である。余りのない必要だけの世界。これがスミスの考えたあるべき世界であった。

富の有機体

『資本論』冒頭の一文は、重商主義的富把握（貨幣＝富）の転換を図った『国富論』を再度転倒させるという明確な意図の下に書かれている。このことは、スミスの貨幣論に対するマルクスの態度を見れば、はっきりする。

余り（貯え）のない世界を思い描いたことの当然の帰結であるが、スミスは重商主義者のように貨幣が財宝であるとは考えなかった。スミスにとっては、貨幣は富ではなく、交換を円滑にするための道具、「流通の大きな車輪」にすぎない。[*15] これとは対照的に、マルクスは、『資本論』に先立って書かれた『経済学批判』のなかで、重商主義の貨幣理解を高く評価している。

近代世界の最初の解釈者である重金主義――重商主義はただその一変種にすぎない――の創始者たちは、金銀すなわち貨幣を唯一の富である、と宣言した。適切にも彼らは、ブルジョア社会の使命は金を儲けること、したがって単純な商品流通の立場からすれば、紙魚にも錆にもおかされない永遠の財宝を形成することである、と明言した。*16

マルクスは、『資本論』でも、わざわざ独立の項目を立て、財宝について詳しく論じている。財宝（treasure）に相当するドイツ語はSchatzであるが、この語が『資本論』の翻訳では「蓄蔵貨幣」と訳されてきたためにその重商主義的な含意が見えにくくなっている。このため、マルクスの蓄蔵貨幣は、往々にして、将来の購買ための一時的な準備、貯蓄として片づけられてきた。だが、マルクスがわざわざ「財宝（Schatz）」という重商主義の用語を援用したのは、貨幣が商品を購買する手段であるばかりでなく、それ自体として求められる富でもあることを改めて強調するためであった。

もちろん、重商主義に諸手を挙げて賛成しているわけではない。マルクスは、先の引用に続けて、重商主義は「国民的生産の大部分がまだ封建的形態で運動していて、直接の生計源泉として生産者自身に役だっていた」時代の思想であり、その時代には「生産物は、大部分が商品に転化されず、したがって貨幣に転化されず、一般的な社会的物質代謝に全然入っていかなかった」ために貨幣だけが富と考えられたのだと述べ、その限界を指摘している。貨幣だけが富と見なされるのは、資本主義が確立する以前の社会においてだというのである。じっさい、マルクスが蓄蔵貨幣（財宝）を説明する際に例として挙げているのは、古代社会や、同時代であってもインドのような未だ古い生産様式の下にある社会である。だが、重商主義的な貨幣観が時代的な制約を負った過去の思考にすぎないのであれば、なぜマルクスはそれに高い評価を与えたのだろうか。

ここで、マルクス自身が富についてどう語っていたのか、もう一度『資本論』冒頭の一文を見てみよう。マルクスは、「資本主義的生産様式が支配している社会」（この表現の意味は後に検討する）の富を「巨大な商品の集まり」と表現していた。これをスミスの富の定義、「国民が年々消費する生活の必需品と便益品のすべて」と比べてみよう。スミスの場合、富は一定期間に消費される必需品・便益品を集計したものである。この集計量は、一時点において存在する必需品・便益品の大きさではない。つまり、スミスの富は、経済学的に言えば、フローである。例えば、一年間に三六五単位の必需品・便益品が消費されたとしても、それはある時点で三六五単位の必需品・便益品が存在していたことを意味するわけではない。毎日、必需品・便益品が一単位ずつ生産され、それが即座に消費されても一年間の消費量を集計すれば三六五単位となる。この場合、各々の時点の必需品・便益品の存在量はわずか一単位にすぎない。この存在量を経済学ではストックと呼ぶ。ここで、スミスが理想としたのが、余りのない世界であったことを想起しよう。つまり、スミスにあっては、生産されたものが瞬時に消費に供される、ストックが限りなくゼロに近い状態が理想とされていたのである。

では、マルクスの場合はどうか。「商品の集まり」の「集まり（Sammlung）」とは、集積、つまり、コレクションのことである。『資本論』の冒頭文を書きつけたとき、マルクスの脳裏に浮かんでいたのは、『経済学批判』にも描かれている次のようなロンドンのきらびやかな光景であったに違いない。

ロンドンの最も繁華な街路には倉庫が軒を並べ、それらの飾り窓には、世界のあらゆる富が、インドのショール、アメリカの拳銃、中国の陶磁器、パリのコルセット、ロシアの毛皮製品、熱帯地方の香料が、きらびやかに輝いている。*17

在庫がうずたかく積まれた倉庫が建ち並び、商店のショーウィンドウは陳列された商品で溢れ返っている。これが「巨大な商品の集まり」の具体的なイメージだとすれば、マルクスの言う富とは、スミスが少なければ少ないほどよいと考えたストックそのものであることが分かる。倉庫に貯えられた在庫や店頭に並ぶ商品をスミスはたんなる無駄と見るが、マルクスは豊かさの現れだと考える。

マルクスは、ストック（貯え）の評価に関しては、スミスと対立し、重商主義者と手を結ぶのである。マルクスは、必要を超える余剰が富だという点では重商主義者に賛意を示したが、余剰は財宝（貨幣）として貯えられねばならないという考えは受け入れなかった。余剰は商品としても貯えられる。むしろ、資本主義においては、貨幣よりも商品の方が富の中心をなしている。だが、重商主義者たちが関心を寄せた耐久性の問題はどうなるのか。大抵の商品は、耐久性の点では貨幣（財宝）に大きく劣る。だからこそ、「紙魚にも錆にもおかされない永遠の財宝」が富の最適な素材とされたのではなかったか。

これについてのマルクスの答えはこうだ。一つひとつの商品を取れば、その耐久性に限界があることは確かである。しかし、「集まり」として見れば、商品も貨幣（財宝）に劣らぬ耐久性をもつ。マルクスの「商品の集まり」は言わば有機体（生物）である。有機体の個々の細胞の寿命は確かに短い。しかし、死滅した細胞と入れ替わりに新たな細胞が生まれる新陳代謝（マルクスの言葉では「物質代謝（Stoffwechsel）」）によって、有機体全体としては細胞のそれを遥かに凌駕する長い寿命を得る。「富の要素形態」あるいは「細胞形態」としての「個々の商品」、例えば、一粒一粒の小麦には、もちろん、金銀ほどの耐久性はない。*18 だが、出荷された小麦が新たな小麦の入荷によって補塡されることによって、小麦の在庫《ストック》は長期にわたって保たれうる。社会全体として見れば、生産されたものは市場という倉庫に投げ込まれて「巨大な商品の集まり」を形成し、時間をかけて徐々に消費に落ちていく。これが、マルクスの考えた、資本主義における富の在り方なのである。

商品は、個別に取り出せば、何の変哲もないただの物質にすぎない。ところが、この物質が寄せ集められるや否や、命を吹き込まれ、一塊の「不気味な（ungeheuer）」有機体として運動を始める。マルクスが「商品の集まり」の大きさを表現するのに、「巨大な（ungeheuer）」という怪物《ウンゲホイア》を連想させる形容詞を選んだ背景には、このような富のイメージがあったのである。*19

マルクスの富のモデルが有機体であるとすれば、貨幣（財宝）＝富という重商主義のそれは、文字通り、無機体（無生物）である。だが、社会の富を有機体として捉えるためには、生産物の大部分が商品として売買されるような段階に社会が達していなければならない。「国民的生産の大部分がまだ封建的形態で運動していて、直接の生計源泉として生産者自身に役だっていた」時代には、無機体（財宝）が富と考えられたのも当然のことである。それだけではない。マルクスによれば、発達した市民社会《ブルジョア》（資本主義）においても、恐慌（不況）という「社会的物質代謝が動揺させられる時期」には、重商主義的な財宝が回帰してくるという。

社会的物質代謝が動揺させられる時期には、発達した市民社会《ブルジョア》においてさえも、貨幣の財宝としての埋蔵が行われる。凝縮した形態での社会的関連——商品所有者にとってはこの関連は商品のうちにあり、そして、商品の十全な定在は貨幣である——は、社会的運動から救い出される。社会的な事物の神経は、それを自分の神経とする肉体のかたわらに埋葬される。[*20]

マルクスがこのように指摘していたことはあまり顧みられることはないが、現代の不況を考える上でも、不可欠な視点であると言えよう。

仮象と現れ

重商主義者は貨幣が、スミスは必需品と便益品が、富「である」と考えた。これに対し、マルクスは『資本論』の冒頭で、富は「巨大な商品の集まり」として「現れる」と述べている。なぜ、マルクスは「である（ist）」と端的に言わずに「現れる（erscheint）」という回りくどい表現をしたのか。『資本論』が経済学批判（『資本論』の副題）の書であるばかりでなく、資本主義批判の書でもあることを知る人は、次のように考えたくなるかもしれない。資本主義においては、本当は富でない「巨大な商品の集まり」が、あたかも富であるかのように見える。「巨大な商品の集まり」は富についての偽のイメージ、すなわち、「仮象」である、と。この解釈が正しいとすれば、問題は認識上の誤りであって、それを匡正することが『資本論』の課題だということになる。だが、マルクスは、こうした「仮象」を剝ぎ取ろうとするだけの啓蒙主義的なアプローチに対しては一貫して批判的であった。

……一定の生産様式の基礎の上で物（Sache）が受け取る社会的性格、または労働の社会的規定が受け取る物的（sachlich）性格を、単なる記号だとするならば、それは、同時に、このような性格を人間の得手勝手な反省の産物だとすることである。これこそは、一八世紀に愛好された啓蒙主義の手法だったのであって、この手法によってその発生過程をまだ解明することができなかった人間関係の不可解な姿から少なくともさしあたり奇異の仮象（Schein）だけでも剝ぎ取ろうとしたのである。[*21]

啓蒙主義が剝ぎ取る「仮象（Schein）」は、『資本論』冒頭に出てくる「現れ（Erscheinung）」と同じではない。「仮象」とは、あるものが自分を違うものとして示すことを意味する。善いものに見えるが本当は善いものでないとき、その見え方は偽りのもの、誤ったものである。逆に言えば、「仮象」という概念は、正しい「現象」が、善いものは善いものに、そうでないものはそうでないものに正しく見えることが、可能であることを前提としている。これに対し、「現れ」とは、あるものが別のものを通じて自分を告げることである。哲学者のマルティン・ハイデガーは、「現れ」を「症状（Krankheitserscheinung）」＝病気（Krankheit）の現れ（Erscheinung）というドイツ語を用いて説明している。[*22] 症状、例えば、発熱は、病気の現れであって、病気そのものではない。つまり、病気は、発熱という自分とは違うものとして現れるが、だからと言って、それが偽の見かけ、「仮象」だというわけではない。また、病気の現れ方は一つではない。同じ病気が違う症状として現れることもある。さらに重要なのは、「仮象」の場合とは異なり、病気そのものが症状を介さずに直接現れることはできないということである。病気は、身体という「物（Sache）」を通じて現れることによって、はじめて看取可能になるのである。

マルクスの富の「現れ」という言い方にも同様の意味が込められている。「資本主義的生産様式が支配している社会」では、富は「巨大な商品の集まり《ストック》」として現れる。だが、支配的な生産様式が異なれば、富の現れ方も変わってくる。富が権力と同義であった封建制の下では、余剰で養われる家臣と余剰を生産する農民および土地の多さ、つまり、人口と領土によって富は測られる。また、資本主義が確立する前夜の重商主義の段階には、富は貨幣（財宝）として現れた。こうした富の「現れ」の、いずれかが真で、他は偽だというわけではない。富という同じものが生産様式の差異に応じて違ったものとして現れるのである。それだけではない。富は、社会的な規定であるがゆえに、それ自体としては現れることができず、広い意味での「物（Sache）」として、はじめて把捉可能なものとなるのである。*23

『国富論』は「富とは何か」という問いに答えようとした書物だと言える。この問いに対し、スミスは、余剰（ストック）としての貨幣（財宝）のみを重視する重商主義は富の偽の見かけ（仮象）に惑わされていると批判した上で、真の富は必要（フロー）であると答えた。マルクスは、この答えを退けたが、それだけではない。『資本論』冒頭の一文が示しているのは、スミスの問いの立て方そのものが誤っているということである。立てるべき問いは、「富とは何か」ではなく、特定の生産様式が支配する社会の下で「富はどう現れるか」である。富の「現れ」を正確に把握し、それを詳細に分析することによって、当該の歴史的社会を成り立たせているメカニズムとその限界を明らかにすることがはじめて可能になる。「資本主義的生産様式が支配している社会」、すなわち、資本主義の「富」は、「巨大な商品の集まり」という不気味な有機体として「現れ」、「個々の商品」はその有機体の細胞として「現れ」る。このように考えたからこそ、マルクスは、『資本論』を商品の分析から始めたのである。

2 資本はどこから来たのか

市場の外部性

今日では、富という言葉は、貨幣ないし貨幣に換算(交換)可能な財産を意味するものと一般に考えられている。しかし、歴史家のジャック・ル＝ゴフも指摘するように、「富(者)」という語は、元々は「財産家よりもむしろ権力者を指していた」[*24]。このことは、富の語源から見ても明らかである。

スミスが富を示すのに用いたwealthは、well(善い)が名詞化したものであり、元々は善いものという抽象的な意味の言葉である。つまり、ウェルスは富の遠回しな言い方なのである。富を指すより直接的な英語としてはrichesがあり、重商主義者たちはむしろこちらの方を好んだ。富を表すドイツ語はReichtum、フランス語はrichesseであるが、いずれもwealthではなく、richesに対応する言葉である。

richは印欧祖語のreg-に由来するとされるが、それは「支配」を意味し、英語のroyal(国王の)やreign(統治)の語源ともなった。また、richに当たるドイツ語reichは名詞としては帝国(Reich)を指す。このことからも分かるように、富という語は元々、貨幣や貨幣的な財産ではなく、他者を支配する力、とくに国家権力を意味していたのである。

資本主義以前には、富が貨幣や貨幣的財産を指すことがなかったのは、市場へのアクセスが非常に限定されていたからである。私たちは、富と貨幣を結びつけて考えてしまうが、それは、イマニュエル・ウォーラーステインがいみじくも「万物の商品化」と表現したように[*25]、資本主義においては、ありとあらゆるものが市場を通して買うことができるからである。だが、資本主義以前にはそうではなく、市場は社会にとって付随的、周縁的なものでしかなかった。

このことは、市場の来歴についてのマルクスの考えからすれば、当然とも言える。マルクスは市場の始まりについてこう述べている。

商品交換は、共同体の果てるところで、共同体が他の共同体または成員と接触する点で、始まる。[*26]

この一文が意味するのは、商品交換（市場）は共同体（社会）の内部から生じたのではなく、外部で発生したということである。この見方は、「ある物を他の物と取引し、交換し、交易する傾向」を人間の本性＝自然（nature）に根差すものとし、そこから直ちに市場を導き出すスミスの説明とは対照的である[*27]。スミスは、市場と社会は初めから手を携えて発展してきたと考える。これとは反対に、マルクスは、市場は社会にとって本来的に外部的なものであると見る。

資本主義以前の社会は、市場ではなく支配・従属関係に基づく社会である。例えば、中世ヨーロッパの封建社会の中心をなすのは、領主の農民に対する権力関係である。封建領主は、農民が生産した農作物のうちから生活上の必要を超える余剰をマルクスのいわゆる「経済外的な直接的な暴力(Gewalt)」によって収奪した。[*28] そして、収奪した余剰を気前よく振る舞うことによって、領主は家臣を惹きつけ、軍事力を蓄えた。この軍事力は、農民から余剰を収奪することを可能にするが、それだけではない。そもそも農民を自分の領土に縛りつけるためにも、軍事力（暴力）に支えられた権力は不可欠であった。その意味で、権力と余剰は鶏と卵のような関係にあったと言える。

市場で取引を行うためには、「互いに独立な人格として相対する」ことが前提となるが、[*29] このような関係は、支配・従属関係に基礎を置く社会の内部には存在しない。それゆえ、市場が発生するとすれば、それは社会の内部からではなく、外部からでしかありえない。では、いかにして市場は社会の外部から発生するのか。この問題についてのマルクス自身の考えを知るには、『経済学批判』のなかの次の文章が手掛かりになる。

> 富の最初の自然発生的な形態は過剰または余剰という形態であり、生産物のうち使用価値としては直接に必要とされない部分であり、あるいはまたその使用価値がたんなる必需品の範囲を超えるような生産物の所有である。……生産物のこういう過剰または余剰が、未発達の生産段階では、商品交換の本来の領域をなしている。過剰な生産物は、交換できる生産物、

すなわち、商品となる。*30

マルクスによれば、富の「自然発生的な形態」は、必需品《ネセサリー》（や便益品）ではなく、そうした必要《ネセサリー》を超える余剰である。ここでは明示されていないが、資本主義以前の社会において、余剰を領有するのは、封建領主のような権力者である。この権力者の領有した余剰が商品となる。ここでの余剰は、農民をはじめとする直接生産者はもちろん、権力者自身と権力者が養う家臣の必要をも超える余剰である。つまり、個人ではなく、社会全体にとっての余剰が商品になるのである。

余剰が商品となるとき、それと引き換えに手に入れられるものは何であろうか。余剰が必要の充足を前提とする以上、それが必要なもの（必需品・便益品）と交換されることはありえない。マルクスが『資本論』の草稿で述べているように、「この余剰は余剰そのものと交換される、すなわち直接的な必要の範囲を超えるもの、日常的なものとは反対の非日常的なものと交換される」*31。日常的なもの（必需品・便益品）と反対の非日常的なものとは、重商主義者の言う財宝（treasure）、すなわち、奢侈品である。

権力者にとって、奢侈品をもつことには自らの権力の強大さを誇示するという意味がある。また、奢侈品を授けることで家臣の忠誠心を高めるという用途もあった。こうした奢侈品の典型が金銀をはじめとする貴金属である。金銀は貨幣である以前に奢侈品であったのである。

重要なのは、ここでは、金銀を含む奢侈品が富そのものなのではないということである。たんなる金持ちや財産家は決して権力者という意味での富者（rich）ではなかった。奢侈品は、他者よりも優越しようという「自尊心」から権力者に求められるものにすぎないのである。

エピクロスの神々とポーランドのユダヤ人

権力者の「自尊心」を刺激するのは金銀だけではない。遠隔地の特産品も、金銀に劣らぬ、魅力的な奢侈品であった。

日常的に消費するありふれた必需品や便益品と異なり、奢侈品とは、非日常的なもの、稀少なものである。金銀が奢侈品となるのもその稀少性ゆえであるが、自国や隣国では産出されない、遠隔地の特産品もこの条件に当てはまる。マルクスは、初期の貨幣材料の一つが「外来の最も重要な交換物品」であったと指摘しているが、[*32] 正確には、金銀と同様に、外来品はまず奢侈品（財宝）として受容され、後に貨幣に転化したと言うべきであろう。

稀少性が遠隔地の特産品を奢侈品にするとすれば、その供給源は遠ければ遠いほどよいことになる。だが、近隣との取引ならばともかく、相当程度離れた場所との交易を権力者自らが行うとは考えにくい。遠隔地交易は、権力者自身はもちろん、配下の家臣や農民にとっても片手間にできるようなものではない。遠隔地との取引にはかなりの時間がかかる上に、商品に関する知識に精通し、輸送・保管の技術にも長けている必要がある。こうした理由から、遠隔地交易は、一般に、専業の商人によって担われるようになる。

では、このような商人はどこから現れてくるのか。この点についてのマルクス自身の見解は次のようなものである。

古代の商業民族は、いろいろな世界の間の空所にいたエピクロスの神々のように、またはむしろポーランド社会の気孔のなかに住むユダヤ人のように、存在していた。最初の独立な発達した商業都市や商業民族の商業は、純粋な仲介商業として、生産する諸民族の未開状態に基づいていたのであって、彼らはこれらの民族の間で媒介者の役を演じたのである。[*33]

ここで言及されているエピクロスについては若干の説明が必要であろう。かつてマルクスが学位論文で論じたこの古代ギリシアの哲学者は、デモクリトスの自然哲学に「逸れ（クリナメン）」という奇妙な契機を付け加えたことで知られる。デモクリトスは、世界に存在するのは原子だけであり、その原子が空虚のなかを直線的に落下していると考えた。エピクロスは、この説にわずかな、しかし、決定的な修正を加える。すなわち、エピクロスによれば、空虚のなかを落下する原子が直線から「逸れ」ることによって原子同士の衝突が起こり、世界が生まれたのである。

だが、世界が誕生した後も「空虚」が消滅するわけではない。有限の世界の外部には無限の空虚が広がる。エピクロスの考える神々はこの「空虚」（空所《メタコスミア》）に住む。エピクロスの「神々は世界から身を逸らせ、世界について思い煩うことなく、世界の外部に住んでいる[*34]」。マルクスは商人（商業民族）をこのエピクロスの神々に準える。なぜなら、商人も、権力者の支配する社会、すなわち、国家から「逸れ」た存在であり、いかなる国家にも属さない外部、「空虚」に住むからである。

マルクスは、ここで、ポーランドのユダヤ人にも触れている。ポーランド――一八世紀にはすでに、プロイセン、ロシア、オーストラリアによって分割・併合され、国としては存在していなかった――はヨーロッパのなかでも古くからユダヤ人が多く住む地方であった。封建制の下で、ユダヤ人の多くは、農民ではなく、キリスト教徒にとって「穢い商売」とされた商人や高利貸しといった職業に従事した。このことは、ユダヤ人がキリスト教社会から排除されていたことを意味するが、見方を変えれば、封建制的な支配・従属関係から解放されていたとも言いうる。じっさい、シュテットルと呼ばれるユダヤ人地区（「気孔」）に集住したポーランドのユダヤ人は、中世以来、カハルという自治組織――さらにはポーランド各地のカハルを束ねる四地方評議会――によってユダヤ社会を自律的に運営してきたのである。[*35]

ポーランドのユダヤ人だけではなく、国家間の「媒介者」としての商人という役割を担ってきたのは、一般に、国家の外部にある「空虚」に住む余所者《エイリアン》であった。われわれは、国家が誕生し、世界が文明化された後は、あらゆる人がいずれかの国家に服従し、あらゆる場所がいずれかの国家に帰属するようになったと考えがちであるが、この認識は単純すぎる。どの国の支配力も及ばない場所、どの国にも従わない人々は長らく存在してきたし、現在でも残っている。山岳、島嶼、砂漠、密林といった場所は、支配することが困難である上に、その困難に見合う収益も期待できない。このような場所は、国家権力から「逸れ」た人々にとっては、恰好の「避難所」となってきた。[*36] 歴史家のフェルナン・ブローデルは、山岳について、こう言っている。

山が山であるというのは、言い換えれば障害ということだ。また、同時に、避難所、つまり自由な人間のための国である。なぜなら、文明が…拘束や隷属を強制するものすべてが、山では人間を圧迫することはないからである。ここには、土地所有に力強く根を張った貴族はいない。[*37]

すでに見たように、貴族（封建領主）が自分の所有する土地に農民を縛りつけるためには軍事力（経済外的暴力）に支えられた権力が不可欠であった。このことは、逆に言えば、農民が進んで権力に服従したわけではないことを意味する。暴力的な収奪を拒む人々は、権力者の支配する社会（国家）から去り、その影響力の及ばない「避難所」、「空虚」へと逃れた。この「空虚」には、支配・従属関係のなかでは存在できない「自由な人間」、マルクスが商品交換の前提とした「独立な人格」が生まれうる。だからこそ、「空虚」の住人は、生産する諸国家の間で「媒介者」の役回りを演じることができたのである。

商人と戦争機械

国家による余剰（ストック）の暴力的収奪（捕獲）がそこから逃れていく流れ《フロー》を生み出すということは、フランスの思想家ジル・ドゥルーズとフェリックス・ガタリによっても指摘されている。

> 古代専制国家は、超コード化を行うとき、同時にそれを逃れていく多量の脱コード化された流れを産み出さずにはいない。[38]

古代専制国家は、大土木工事の事業者として、税金の徴収者として、そして何より土地の所有者として、余剰（ストック）を捕獲——彼らの用語法では超コード化——する装置であるが、[39] この超コード化は脱コード化された流れ《フロー》を不可避的に発生させる。脱コード化された流れが国家の外部に商人（商業組織）を作り出すことはすでに見た通りだが、そればかりではない。ドゥルーズ＝ガタリによれば、「脱コード化された流れは、国家に対する戦争機械を形成しうる」のである。[40]「戦争機械」とは、「国家の権力機関に対して切片的社会の諸権力を主張し続ける徒党集団、周辺の集団、少数派集団のもつ局所的メカニズム」のことを指す。[41] つまり、脱コード化された流れは、国家から逃れるだけでなく、徒党を組んで国家に攻撃を仕掛けさえするのである。

もっとも、戦争機械は商人（商業集団）と截然と区別されるものではない。ドゥルーズ＝ガタリが述べているように、「商業組織は、その営業ルートの一部分において、またその多くの活動において、略奪あるいは海賊を行う徒党集団でもある」からである。[*42] 商人は、国家と友好的な商取引を行うだけではなく、隙あらば、相手の無知に付け込んで、権力者の所有する余剰を掠め取ろうとする。このような商人の抜け目のなさはマルクスによっても指摘されている。

……資本主義以前の生産様式では、商人の取引相手になる剰余生産物の主要所有者、すなわち奴隷保有者や封建領主や国家（たとえば東洋の専制君主）が享楽的富を代表しており、この富を狙って商人がわなをしかける……。だから、商業資本の優勢な支配はどこでも略奪制度を表しているのである……。[*43]

マルクスがここで「略奪制度」と言っているのは、たんなる比喩ではない。商人は「詐欺とペテン」のチャンスをうかがうだけでなく、必要ならば、実力行使も辞さない。ある場所で商売を平和裡に終えた商人が、別の場所で残虐な海賊（山賊）行為を働くということもありうる。つまり、商人は、戦争機械と出自を同じくするばかりでなく、しばしば戦争機械そのものであるのである。

戦争機械は、本来、いかなる国家にも属さない、独立した存在である。だが、そのことは、戦争機械が国家と結びつく可能性を排除するものではない。利害が一致すれば、国家と手を組むことも十分ありうる。じっさい、中世ヨーロッパにおける国家間の戦争では、国家に雇われた戦争機械＝傭兵が不可欠の存在であった。

マルクスは、ポルトガルやオランダといった初期の重商主義国家の発展が「暴力的略奪や海賊や奴隷狩りや植民地での圧制」と結びついていたことを指摘しているが、[44]このことは、重商主義が、商人というよりもむしろ、戦争機械と国家との緊密な同盟関係から始まったことを示唆している。そして、この同盟関係の象徴とも言えるのが、コルセアである。

英語には海賊を意味する言葉が二つある。パイレーツとコルセアである。パイレーツは、どの国家にも属さず、攻撃や略奪を自由に行う、文字通りの戦争機械である。これに対し、コルセアは、国王から私掠免許状を与えられた国家公認の海賊、すなわち、私掠船（privateer）である。重商主義の時代、ヨーロッパ諸国は、この私掠免許状を乱発し、コルセアにライヴァル国の商船を襲わせた。そうすることによって、国王は、敵国に大きな打撃を与えることができただけでなく、元手をほとんどかけずに、莫大な財宝の分け前に預かることができた。それればかりか、有事の際には、コルセアは国家の艦隊の一翼を担いさえしたのである。[45]

だが、植民地を巡る争いが激しさを増してくると、国家は軍事力をますます増強せざるをえなくなった。その結果、コルセアや傭兵を利用するだけでは十分ではなくなり、国家は自前の軍隊、すなわち、常備軍をもつようになる。こうして、国家は自らの外部であるはずの戦争機械を内部化するに至るのである。[46]

国家が軍隊を保持するためには多額の資金が必要になるが、それは植民地の獲得・維持によって回収できると（じっさいにはそうでなかったとしても）信じられた。国王にとって、遠隔地交易は、たんに「自尊心」を刺激する（金銀を含む）奢侈品を手に入れるためのものではなくなり、莫大な軍事費を賄うための資金源として重要な意味をもつようになった。一方、植民地交易を担う商人にとっても、軍事力が強化されることは歓迎すべきことであった。自分たちの利益となる植民地の獲得・維持のためにはもちろんのこと、頻発する私掠行為から自分の商船を保護してもらうためにも、国家の軍隊は不可欠のものとなっていたからである。

こうして、支配・従属関係を中心とする社会の内側に、貨幣という市場的な要素が次第に入り込んでいった。それは同時に、金銀が権力を誇示する奢侈品、財宝ではなく、貨幣となっていくプロセスでもあった。とはいえ、重商主義の時代の国家（国王）にとって貨幣が重要だったのは、何でも買えるものとしてではなく、自らの権力を支えるための軍事費を賄うものとしてである。確かに、重商主義の時代においては、富は貨幣として「現れる」ようになるが、その富には、未だ権力という意味が残されていたのである。

富から権力という含意が完全に払拭されるためには、植民地交易という形で、未だ社会の外部に留まっていた商人が、社会の内部に浸透する必要がある。換言すれば、社会にとって周縁的なものにすぎなかった市場が、旧来の支配・従属関係に取って代わり、社会の中心的なメカニズムとならなければならない。スミスは、「富（riches）とは権力である」と述べたホッブズに対し、富（wealth）は政治的権力ではなく購買力であると批判したが、彼がそう言うことができたのは、誰もが市場に関与する社会の到来を展望することができる、一八世紀後半のイギリスに生きていたからである。[*47]

だが、スミスは、商人の出自が社会の外部、「空虚」であることを理解しようとせず、人間はその本性上商人であり、社会は――発展の度合いは違うとは言え――初めから商業的社会であったと言い切ってしまう。スミスは、ヨーロッパの現実の歴史において、国内の市場化に先んじて遠隔地交易が発展したことを十分承知していたが、それは「ものごとの自然な順序」が転倒されたからだと考えた。スミスの考える「自然な順序」では、市場の出発点は、国家間の遠隔地交易ではなく、国内の直接生産者である農民と手工業者との間で行われる農作物（必需品）と製造品（便益品）との交換となる。その当然の帰結として、市場における交換は、本来的に、生活上の必要を満たすために行われるものと見なされる。『道徳感情論』を物した高名な道徳哲学者でもあるスミスは、「自尊心（amour-propre）」を巡る議論にも通じていたが、そうした必要以上のものを求める心性を結局は「子供じみた虚栄心」と断じた。[*48] 社会《ネーション》にとって善いこと（wealth）は、一部の権力者の虚栄心を満足させることではなく、できるだけ多くの人民の必要を満たすことである。国民《ネーション》の富（wealth）は必需品と便益品であるという『国富論』の主張は、このようなスミス特有の道徳観に基づいていたのである。

だが、スミスの富の規定がいかに「道徳」的に正しいとしても、資本主義における富の「現れ」を正しく摑んだものとは言えない。『資本論』冒頭の一文には、スミスに対するこうした批判が込められていたのである。

資本としての富

資本主義は、それ以前の社会の中核をなしていた支配・従属関係を市場に置き換えることによって、成立したものである。この置き換えに伴って、富という概念に意味上の転換が起きる。すなわち、重商主義に至っても未だ残っていた権力という意味が完全に消え去り、社会の富は「巨大な商品の集まり」として「現れる」ようになる。「巨大な商品の集まり」が有機体をモデルとしていることはすでに見た通りだが、実は、この有機体モデルは遠隔地交易を媒介する商人に由来する。

マルクスによれば、商人は資本の「大洪水以前的な姿」である。[*49] マルクスは、資本をG－W－G'と定式化する。ここで、Gは貨幣、Wは商品を指し、ダッシュ符合は価値の増殖を表す。すなわち、資本は、貨幣（G）から商品（W）へ、商品（W）から貨幣（G'）へと姿を変えること（姿態変換）を通じて、その価値を増殖させる。この定式は、資本主義において中心的な役割を果たす産業資本にも通じる一般性をもつが、「大洪水以前的な姿」である商人において「最も純粋に現れている」とマルクスは言う。

ここで、資本がG－W－G'と定式化されることから生じがちな誤解をあらかじめ解いておこう。この定式では、資本の運動が貨幣（G）に始まり貨幣（G'）に終わるように見えるが、それは正しくない。「貨幣は、運動の終わりには再び運動の始めとして出てくる」のであり、それゆえ、「資本の運動には限度がない」のである。[*50] 資本の一般的定式は正確にはG－W－G'－W'－G''……と、どこまでも際限なく続く運動である。資本は特定のものに行き着くことなく、その姿を不断に変え続ける。変わることを通じて、逆説的ではあるが、資本の同一性《アイデンティティ》は保たれるのである。

もう一つの誤りは、資本の一般的定式G－W－G'から資本の運動を単線的なものと考えてしまうことである。定式からは、手持ちの貨幣全部を使って商品を一度に仕入れ、在庫商品のすべてを一遍に売却しているかような印象を受けるが、この資本のイメージは適切でない。一つの個別資本の下でも資本の運動は複線化されるのが普通である。例えば、遠隔地交易を行う商人は、資本を分割し、扱う商品によって売買する時期・場所を適度に変えながら、全体としての資本を増やそうとする。このような複線的な資本の運動を理解するには、資本の一般的定式よりも、複式簿記の貸借対照表（バランスシート）の方が適している。

周知のように、貸借対照表では、左側（借方）に資産が、右側（貸方）に資本と負債が置かれる。単純化のために、負債がゼロ、つまり、全額自己資本で賄われているとすると、商人の貸借対照表は、次のようになる。すなわち、左側には、その商人が在庫として抱えている商品A、商品B、商品C等々と、手持ちの貨幣が価格表示で記載され、右側には、それらを合算した額が資本として記載される。つまり、同じ金額が二重《ダブル》に記載《エントリ》されるわけである。複式《ダブルエントリ》簿記と呼ばれる所以であるが、商人は、時間の経過につれて、左側の商品在庫（商品A、商品B、商品C等々）と貨幣を増減させつつ、右側に現れる全体としての資本を増やしていくのである。

姿態変換を通じた価値増殖というマルクスの資本の定義は、貸借対照表の考え方と見事なまでに合致しているが、このことはたんなる偶然ではない。*51 というのも、複式簿記自体が、資本が「最も純粋に現れている」とマルクスが評した商人によって発明されたものだからである。

会計史家のジェイコブ・ソールによれば、会計自体の歴史は、古代メソポタミアにまで遡るが、中継貿易で栄えた中世イタリア（ジェノヴァ）の商人が発明するまで、複式簿記は使われていなかったという。[*52] 古代や中世の権力者にも、管理すべき貯え《ストック》（余剰）はもちろんあったが、それを利潤を生む資本として用いることはなかったため、家計簿のような単式簿記で十分であった。ソールはイタリア商人の採用した「共同出資方式」が複式簿記を生み出したと説明しているが、要点は、共同か個人かの違いよりも、「出資」の方にこそある。余剰をただ貯蔵《ストック》するのではなく、利潤を生むべき資本として「出資」するとき、はじめて複式簿記が必要となるのである。古代の商人も、複式簿記は知らなかったかもしれないが、資本を出資する際には、事実上、複式簿記的な発想をしていたはずである。

もちろん、商人の出資する資本もそれが余剰である点では権力者の貯えと変わりはない。そうでなければ、消費に落ちることなく、資本の運動を無際限に続けることは不可能である。貯えとの違いはむしろ次の点にある。すなわち、余剰を貯え《ストック》として維持しようとすれば、金銀のような耐久性のある素材に頼らざるをえないが、資本の場合には、そうした耐久性のある素材は必ずしも必要ではない。資本は、特定の素材にしがみつくのではなく、素材を次から次へと取り換えることによって、あるいは、余剰を貯蔵《ストック》するのではなく、流動《フロー》させることによって、余剰を維持するばかりか、増やしさえするのである。

一時点を取れば、資本は商品や貨幣といった具体的な素材から成り立っていることは確かである。貸借対照表がスナップショットと言われる所以である。しかし、貸借対照表の左側に記載される資産は、それ自体としては、たんなる商品や貨幣であって資本ではない。時々刻々入れ替わる部分から構成される全体こそが資本なのである。資本とそれを構成する商品・貨幣とは、言わば、有機体の個体と細胞の関係にある。これは、すでに見た『資本論』冒頭の社会の富のイメージと同じである。つまり、「巨大な商品の集まり」のいう商品とは、たんなる商品ではなく、資本の構成要素としての商品を指していたのである。[*53]

もちろん、「大洪水以前的」な資本、すなわち、商人資本は、社会の外部、「空虚」に「逸れ」た余剰であって、社会の富ではない。資本が社会の富として「現れる」ためには、社会の編成原理が旧来の支配・従属関係から市場（交換）に置き換えられ、商人が産業資本として社会の中心に位置づけられる必要がある。また、社会の富たる「巨大な《ウンゲホイア》」有機体（怪物《ウンゲホイア》）は、バラバラな個別資本の寄せ集めではなく、一箇の総体でなければならない。つまり、資本主義においては、社会的再生産を通じて個別諸資本は有機的に結びついた社会的総資本を構成することになるのである。

だが、それは同時に、社会の外部＝「空虚」において資本が有していた余所者《エイリアン》としての性格、言うなればユダヤ性（Judenthum）を失うということでもある。[*54]『資本論』では、ユダヤ教（Judenthum）は「市民社会《ブルジョア》〔資本主義〕の原理」であるとする若い頃の認識が全面的に改められ、[*55] ユダヤ性は資本が古代・中世社会の「空虚」において有していた性格であり、資本主義に至ると「抽象的人間に対する礼拝を含むキリスト教、ことにそのブルジョア的発展であるプロテスタントや理神論などとしてのキリスト教」が「最も適当な宗教形態」になると述べられる。*56 マルクスの父が市民《ブルジョア》社会の一員になるためにユダヤ教からキリスト教（ルター派プロテスタント）に改宗することを余儀なくされたように、商人が社会の内部に浸透するためにはそのユダヤ性を払拭し、商品交換を通じて「私的労働を同等な人間労働として互いに関係させる」産業資本に転化しなければならなかったのである。

このようなユダヤ性からの脱却に伴い、資本の「純粋」性、流動性《フロー》もまた失われてゆくことになる。すなわち、脱コード化され脱領土化された余剰の流れ《フロー》が再領土化、再ストック化されることによって、資本は、権力（支配・従属関係）から自由であった商人から資本・賃労働関係という新たな権力（支配・従属関係）を内に含む産業資本へと変貌を遂げることになるのである。

＊1　カール・マルクス、『資本論』(1)、七一ページ
＊2　アダム・スミス、『国富論』一、一九ページ
＊3　トマス・マン、『外国貿易によるイングランドの財宝』、一八ページ。マンは、東インド会社の取締役も務めた大商人であり、『国富論』では重商主義の主唱者として名指しで批判されている。
＊4　マンの書名にも見られるように、重商主義者たちは、貨幣のことをしばしば財宝（treasure）と表現した。
＊5　ジョン・ロック、『統治二論』、三四八ページ
＊6　『国富論』二、二五九ページ
＊7　アーサー・O・ラヴジョイ、『人間本性考』、一六六ページ
＊8　ジャン＝ジャック・ルソー、『人間不平等起原論』、二一八ページ
＊9　トマス・ホッブズ、『リヴァイアサン』一、一六九―一七〇ページ

*10 『リヴァイアサン』一、一五一ページ

*11 当時は、財を必需品と奢侈品の二つ、あるいは、それに便益品を加えた三つに区分するのが一般的であったが、スミスは、奢侈品を富から慎重に除外している。

*12 『国富論』三、三二四ページ。

*13 ベンノ・テシィケ、『近代国家体系の形成』、二八五—二八七ページ、参照。

*14 『国富論』でもストックという概念が用いられるが、それが意味するのは貯蔵ではなく、投資である。

*15 『国富論』二、四一ページ。

*16 カール・マルクス、『経済学批判』、二〇七ページ。

*17 『経済学批判』、一一〇ページ。

*18 マルクスは、『資本論』第一巻第一版序文において、「市民《ブルジョア》社会にとっては、労働生産物の商品形態または商品の価値形態が経済的細胞形態なのである」(『資本論』(1)、二二ページ)と述べている。

*19 「巨大な(ungeheuer)」という形容詞を巡っては、臼井隆一郎、「資本主義の冥界——『資本論』の言語態」を参照されたい。

*20 『経済学批判』、一七一ページ

*21 『資本論』(1)、一六五ページ

*22 マルティン・ハイデガー、『存在と時間』一、一八〇ページ

*23 もっとも、「現れ」が「仮象」となることもないわけではない。例えば、照明の加減で頬が赤く見えているときに、頬の赤さを発熱のせいと考え、その人が病気だと見立てるならば、それは「仮象」に囚われた診断である。『存在と時間』一、一八五ページ、参照。

*24 ジャック・ル=ゴフ、『中世と貨幣』、三三ページ

*25 イマニュエル・ウォーラーステイン、『史的システムとしての資本主義』、九ページ

*26 『資本論』(1)、一六一ページ

*27 『国富論』一、三七ページ

*28 『資本論』(3)、三九七ページ

*29 『資本論』(1)、一六一ページ

*30 『経済学批判』、一六四—一六五ページ

*31 カール・マルクス、『資本論草稿集』③、九九ページ

*32 『資本論』(1)、一六三ページ

*33 『資本論』(7)、三一ページ

*34 カール・マルクス、「デモクリトスの自然哲学とエピクロスの自然哲学の差異」、七四ページ

*35 赤尾光春・向井直己編、『ユダヤ人と自治』、第一章および第四章、参照。

*36 この「避難所」は歴史学の正統からは無視されてきたが、例外的な研究もわずかながら存在する。差し当たり、エリック・ホブズボーム、『匪賊の社会史』を参照されたい。

*37 フェルナン・ブローデル、『地中海』①、五五–五六ページ

*38 ジル・ドゥルーズ＝フェリックス・ガタリ、『千のプラトー』下、二〇〇ページ

*39 ドゥルーズ＝ガタリが「ストックを産出することを余儀なくされている限り……ギリシア世界、ローマ世界、封建世界において見出されるのは、常に帝国の発達した形態を新たに活性化したものであった」(『千のプラトー』下、二二〇ページ）と述べているように、この点では、封建国家も古代専制国家（帝国）と変わるところはない。

*40 『千のプラトー』下、二二〇ページ

*41 『千のプラトー』下、三〇ページ

*42 もっとも、ドゥルーズ＝ガタリ自身は、戦争機械と重なる可能性を認めつつも、商人（商業集団）は基本的には局所的な戦争機械とは異なる「全世界的国際組織」という姿を取ると考えている。『千のプラトー』下、一七六ページ、参照。確かに、商人（商業集団）が宗教や血縁・地縁に基づく広範なネットワークを形成した例はしばしば見られる（ユダヤ商人、ムスリム商人、アルメニア商人、ロンバルディア商人、ハンザ商人など）。しかし、こうした商人ネットワークは、異地点間の信用取引の必要性から生まれたものであり、交換と信用の異質性を強調する本書の立場からすれば、商人本来の姿とは言い難い。この点については、次章を参照。

*43 『資本論』(7)、三二一ページ

*44 『資本論』(7)、三三一ページ

*45 スペインの無敵艦隊《アルマダ》を打ち破ったイギリス艦隊の副司令官を務めたキャプテン・ドレークは、元々中南米で暴れまわった私掠船の船長であった。

*46 「軍事制度あるいは軍隊と呼ばれるのは決して戦争機械それ自体ではなく、まさしく戦争機械が国家によって所有される形態である」（『千のプラトー』下、一四一ページ）

*47 『国富論』一、六四ページ、同五一ページ

*48 『国富論』二、二四七ページ

*49 『資本論』(1)、二八七–二八八ページ。「大洪水以前的（antediluvianisch）」とは、『創世記』で語られるノアの大洪水（Diluvium）に因んだ、大昔を意味するドイツ語の慣用的な言い回しである。資本主義を特徴づける産業資本に対し、資本主義以前から存在してきた商人資本と高利資本をマルクスは資本の「大洪水以前的な姿」と呼んでいる。

*50 『資本論』(1)、二二六ページ

*51 マルクスは、親友エンゲルスから複式簿記に関する知識を得ていた。エンゲルスはマンチェスターに工場をもつ資本家でもあった。Eve Chiapello, “Accounting and the

Birth of the Notion of Capitalism"、参照。シャペロはマルクスの資本の定義が複式簿記に由来すると指摘している。

＊52 ジェイコブ・ソール、『帳簿の世界史』、第一章、参照。なお、複式簿記はイタリア商人が発明したものではなく、アラブやインドの商人から伝わったという説もある。

＊53 じっさい、マルクスは資本を「社会的富とか『諸国民の富』と呼ばれるもの」（『資本論』⑵、二三七ページ）とパラフレーズしている。

＊54 Judenthum（Judentum の古い綴り）は、ユダヤ教を指すと同時に「拝金主義」や「強欲」を暗示する言葉でもある。

＊55 『マルクス＝エンゲルス全集』第一巻、四一一ページ

＊56 『資本論』⑴、一四六ページ、〔　〕内筆者補足。

第2章

貨幣の「創世記」

貨幣はいったいどこから来たのだろうか?
歴史的には、市場の発達が交換に役立つ貨幣を自生的に生み出した
というのが経済学の常識だが、マルクスはそれとは異なって、
本来、社会の外部にあったはずの市場が社会に浸透し、
その結果、逆転して社会を包摂したことによって貨幣は出現したと主張する。
つまり、社会を支えてきた支配・従属関係が貨幣という形に
組み替えられたのである。そこでは、貨幣は、
(流通手段としての)リアルな身体と(価値尺度としての)イデア的身体とに
二重化されるが、それを統一しようとする力と二重化しようとする力の
せめぎ合いがやがて貨幣のデモクラシー(王殺し)を生み出していく。

1　貨幣と資本主義

貨幣の必然性

主流派・マルクス派の別を問わず、現代の経済学では、貨幣には計算単位、交換手段、価値保蔵の三つの機能があると説明される。そして、この三つのなかでも、交換手段（マルクスの言い方では流通手段）が貨幣の中心的な機能とされるのが普通である。交換手段についてのよくある説明は次のようなものだ。いま余分なパンがあって、それをビールと交換したいと思っている人がいたとする。この望みが叶えられるためには、余分なビールをもち、かつ、パンを欲しがっている別の人がいなければならない。一九世紀イギリスの経済学者ウィリアム・スタンレー・ジェヴォンズは、この交換のための前提条件を「欲求の二重の一致」と呼んだが、それが満たされるのは一般に困難である。この困難を克服するものとして導入されるのが交換手段としての貨幣である。誰もが受け取りを拒否しない貨幣を手段として用いることによって、「欲求の二重の一致」がなくとも、交換が可能になるとされるのである。

このような交換手段中心の貨幣観は、ジェヴォンズのずっと以前のアダム・スミスのなかにすでに見られる。彼は、貨幣を「流通の大きな車輪」と表現し、後にジェヴォンズが「欲求の二重の一致」と呼ぶことになる「不便」を避けるために、「人々が自分たちの勤労の生産物との交換を拒否することはほとんどないだろうと彼が想像する、何かある商品の一定量」、つまり、貨幣を手元に置くようになったのだと主張する。[*1] 交換手段としての貨幣の生成メカニズムを、スミスは、肉屋と酒屋とパン屋の例を用いて簡単に説明しているが、それをより精緻に展開してみせたのが、ジェヴォンズと同時代のオーストリア人経済学者カール・メンガーである。[*2]

メンガーは大略次のように述べる。貨幣の存在しない世界では、AがBの所持するものを欲しているが、Bは別のCの所持するものを欲しており、さらに、CはAの所持するものを欲しているといった、欲求のすれ違いから交換が成立しないということが起こり易い。「欲求の二重の一致」の困難であるが、この困難の解決は、交換を求める諸個人がものの「販売可能性」、要するに、人気の違いを認識することから始まる。販売可能性の劣るものの所持者は、より販売可能性の高いものを、自分がそれを欲していないにもかかわらず、一旦取得するという遠回りをすることによって、すなわち、販売可能性の高いものを媒介とした間接交換を行うことによって、直接交換を行う場合よりも確実かつ効率的に、最終目標に到達することができる。このようにして、個々の所持者が自らの私的利害に衝き動かされて行動したことの「自生的な結果」として交換手段としての貨幣が生成したとされるのである。[*3]

「欲求の二重の一致」の困難から交換手段としての貨幣が生まれたというストーリーは、経済学では、ほとんど定番となっているが、この貨幣の必然性論は、次のことを暗黙のうちに前提している。すなわち、何らかのものを受け取るためには、それと同等のものを相手に渡さなければならないということを前提としている。そこでは、ものの移転は交換という形を取るのが当然とされており、その他の方法はまったく考慮されていない。

しかしながら、資本主義以前の社会では、ものの移転は交換によらないのがむしろ普通である。支配・従属関係が中心をなしている社会の内部には、交換の前提となる「互いに独立な人格」が存在しないからである。[*4] 権力者は「経済外的強制」に基づいて直接生産者からものを収奪することができるし、また、忠誠心を引き出すために、権力者が家臣に欲しがっているものを与えるということもありうる。いずれの場合でも、ものの移転には等価物の反対給付が伴ってはいない。さらに言えば、資本主義においてさえ、家族のような共同体の内部では、反対給付なしにものが譲渡されるのは珍しいことではない。

もっとも、こうした指摘に対しては、次のような反論が上がるかもしれない。すなわち、貨幣生成論で想定されているのは、共同体（社会）内部の交換ではなく、共同体と共同体の間、共同体（社会）の外部における交換である、と。だが、そうだとすると、交換が直接的な欲求だけから説明されていることが今度は問題となってくる。なぜなら、前章で見たように、距離的に隔たった社会（国）の間の交易は、直接的欲求を満たすことではなく、資本の価値を殖やすことを目的とする商人によって担われるからである。

資本の「大洪水以前的な姿」である商人は、[*5] 権力者（王）から「逸れ」た存在であるばかりでなく、商品世界の王たる貨幣からも自立している。というのも、商人は、貨幣の必然性論が前提としてきた「欲求の二重の一致」の困難とは無縁だからである。

メンガーの欲求の三竦みモデルを用いて、この点を明らかにしてみよう。メンガーの設定では、AはBの所持するものを、BはCの所持するものを、そして、CはAの所持するものを欲している。いま、このABCが距離的に隔たった国であるとしよう。このとき、メンガーの説に従うならば、三か国が販売可能性の高い共通のものを交換手段として用いることによって、欲求の不一致は克服され、交換が可能になる。だが、それ以外にも交換を可能にする方法がある。それは、商人が三か国の間に入って交換の仲立ちをすることである。例えば、次のような場合が考えられる。A国で一〇〇単位の商品aを仕入れた商人は、B国にそれを持ち込み五〇単位の商品bと交換する。次いで、それをC国に運び、二〇〇単位の商品cと交換する。最後に、A国に戻り、二〇〇単位の商品cを一二〇単位の商品aと交換する。いわゆる三角貿易であるが、この例からも分かるように、商人が仲介役を務めるならば、貨幣を用いずとも交換は可能である。マルクスが指摘しているように、商人は、遠隔地交易において「貨幣の役割」を演じるのである。[*6] それればかりでない。交換を繰り返すことによって、商人は自らの富を増やすことができる。この例で言えば、商人は商品aを一〇〇単位から一二〇単位に殖やすことに成功している。

商人が貨幣の役割を演じることができるのは、上のような単純なケースだけだと思われるかもしれない。しかしながら、交易の範囲が拡大したとしても、そのことによって貨幣の必要性が高まるとは限らない。さまざまな場所を遍歴する商人は、自らの在庫を単一の販売可能性の高い商品に収斂させるよりも、むしろ、さまざまな場所の異なる欲求に合わせて商品種類を多様化させるということも十分考えられるからである。むろん、価値増殖を目的とする商人には、多種多様な在庫商品を資本として把握するための統一的な価値尺度が不可欠である。しかし、その価値尺度は必ずしも流通手段（交換手段）としての貨幣である必要はない。三角貿易の例で言えば、商人が商品aを価値尺度として増殖の程度を測ったとしても、そのことは、aを流通手段として用いていることを意味するわけではないのである。*7

貨幣と賃労働

遠隔地交易が貨幣ではなく商人によって媒介されるとすると、流通手段としての貨幣の必要性はどこから生じるのだろうか。この点については、『経済学批判』のなかの次の叙述がヒントになる。

実際には、諸商品の交換過程は、もともと自然生的な共同体の胎内に現われるものではなく、こういう共同体の尽きるところで、その境界で、それが他の共同体と接触する数少ない地点で現われる。ここで物々交換が始まり、そしてそれがそこから共同体の内部にはねかえり、これに解体的な作用を及ぼす。だから、異なった共同体の間の物々交換で商品となる特殊的使用価値、例えば、奴隷、家畜、金属が、多くの場合、共同体内部での最初の貨幣を形成する。*8

ここでは、共同体（社会）間の交換（遠隔地交易）は、本来、貨幣を介さない交換（物々交換）であり、この共同体（社会）間で取引される商品（奴隷、家畜、金属等）が共同体（社会）内部において貨幣になるとされている。つまり、貨幣は遠隔地交易（商業）そのものから生じるではなく、それが共同体（社会）の内部に浸透するのに伴って生成するとされているのである。

しかしながら、この浸透は簡単には進まない。共同体（社会）に対し分解作用を及ぼす商業活動の浸透を「前資本主義的な民族的な生産様式の内的な堅固さや構成」が妨げるからである。[*9] そればかりではない。共同体（社会）内では貨幣の発展そのものも往々にして抑えられてきたのである。この点について、マルクスは次のように述べている。

> 最高度に完成された古代にあってさえも、すなわちギリシア人やローマ人のもとでさえも、近代市民社会《ブルジョア》で前提されているような貨幣の十分な発展は、ただその崩壊の時代に現れるだけである。つまり、このようなまったく簡単な範疇でも、それが歴史的にその内包性をもって現れることは、社会の最も発展した状態〔資本主義〕のもとでよりほかにはないのである。それは、決してすべての経済関係に行き渡っていたのではない。[*10]

古代のギリシアやローマは、資本主義（近代市民社会《ブルジョア》）以前としては市場が最高度に発達していた社会の一つであるが、マルクスは、そうした社会でさえも「貨幣の十分な発展」は見られなかったと指摘する。つまり、そこでは、貨幣が社会全体に行き渡っていたわけではないのである。マルクスによれば、「ローマ帝国で貨幣制度が完全に発展していたのは、もともとただ軍隊だけでのことであった」。ここで言う軍隊で発展していた貨幣制度とは、兵士に貨幣で給料を支払う制度、つまり、傭兵制度のことを指している。この制度の下では、雇われた兵士は兵役と引き換えに貨幣を受け取り、その貨幣で必要なものを入手する。社会学者のジェフリー・インガムが述べているように、古代の傭兵制度とは、「世界初の大規模な賃労働」だったのである。*11 このような傭兵の描く流通形式は、資本主義の賃労働者のそれと同じ、W（労働力）―G（貨幣）―W（生活手段）である。このことから分かるのは、流通手段としての貨幣の発展が賃労働と密接に結びついているということである。流通手段としての貨幣のような「まったく簡単な範疇でも、それが歴史的にその内包性をもって現れることは、社会の最も発展した状態〔資本主義〕のもとでよりほかにはない」とマルクスが述べているのもこうした意味であろう。

このことは、マルクスがメンガー流の貨幣の必然性論を退けていることのもう一つの証左となる。メンガーは、「欲求の二重の一致」の困難から貨幣を導出しているが、そこでは欲求の一意性が暗黙のうちに前提されている。一方、マルクスには、欲求の一意性ではなく、多面性こそが流通手段としての貨幣をもたらすという認識がある。じっさい、マルクスは、貨幣を媒介とする商品交換W―G―Wについて、次のように述べていた。

商品生産者はある一つの方面に偏した生産物だけを供給するので、その生産物をしばしばかなり大量に売るのであるが他方、彼の欲求は多方面にわたるので、彼は実現された価格すなわち手に入れた貨幣額を絶えず多数の買いに分散させざるをえない。したがって、一つの売りは、いろいろな商品の多くの買いに分かれる。こうして、一商品の最終変態は、他の諸商品の第一の変態の合計をなすのである。*12

メンガーの例のように単一のものを単一のものと交換しようとするのではなく、単一のものを多数のものと交換しようとするからこそ、あらゆるものとの直接的交換可能性をもつ貨幣を媒介として用いることが必要になるのである。もっとも、ここでマルクスが交換当事者を「商品生産者」と呼んでいるのは適当ではない。単一の商品を多数の商品と交換するという関係は、商品生産者ではなく、自分が必要とするものすべてを交換によって手に入れなければならない賃労働者についてこそ当てはまるからである。

賃労働者が受け取った貨幣でさまざまな商品を購買することができるのは、貨幣と引き換えに商品を譲渡しようとする売り手が多数存在するからである。しかしながら、資本主義以前の社会には、このような売り手がほとんどいない。それゆえ、傭兵制度を採用する国家は、同時に、貨幣を進んで受け取る売り手を創出しなければならなかった。そのために採られた手法が税金である。すなわち、軍隊が駐屯する地域の住民に貨幣による租税支払いを強制することによって、売り手を政策的に作り出したのである。

軍隊における賃金制度は、ローマ帝国においては、あくまで例外にすぎない。確かに、古代ローマでは、社会間の交換は、社会の側からの抵抗にあいながらも、結局は、社会の内部に浸透していったが、その結果生まれたのは、奴隷経済（ラティフンディウム）であった。*[13] 歴史上の至るところで現れた共同体（社会）間の交換（遠隔地交易）の発展は、資本主義的以前には資本・賃労働関係の一般化を決してもたらさなかったのである。その意味では、「近代市民《ブルジョア》社会」（資本主義）における「貨幣の十分な発展」自体が、歴史的に見れば、例外であると言うべきかもしれない。マルクスが述べたように、「より単純な範疇〔貨幣〕は、より具体的な範疇〔資本〕に先んじて歴史的に存在しえたとはいえ、内包的にも外延的にも十分に発展したものとしては、まさに複合的な社会形態〔資本主義〕に属しうる」のである。*[14]

交換と信用

資本主義とは、社会の成員にとって必要なものの生産が貨幣を媒介とする交換を通じて実現される経済システムであるが、このことは歴史的に見てきわめて特殊である。資本主義を除く、ほとんどの社会（共同体）は、交換ではなく、信用（債権・債務関係）をその基礎に置いている。支配・従属関係とは、「負い目《シュルト》」＝「負債《シュルデン》」を負わせることで返礼＝返済の義務を課すシステムであると言える。このことを明確に指摘したのはドイツの哲学者フリードリッヒ・ニーチェである。

共同体とその成員との関係もまた、債権者と債務者というあの重大な根本関係を本質にしている。人はみな一つの共同体のなかで生活し、共同体の利便を享受している……。人は保護され、いたわられて、外部の人間すなわち〈平和なき者〉が曝されているある種の危害や敵意に心悩まされることもなしに、平和と信頼のうちに住んでいる……。つまり、そうした危害や敵意を顧慮すればこそ人は自分自身を抵当に入れ、共同体に対して義務を負ったのである。*15

負債には一般に関係を持続させる力がある。「負い目」＝負債を返すまでは、債務者は債権者との関係を断ち切ることができない。だが、共同体の権力がその成員に与えた「平和」は決して完済されることのない負債である。このことが、信用（債権・債務関係）に基づく支配・従属関係を社会にとって適合的なものにする。信用がすでに関係の在るところ、すなわち、共同体（社会）内で関係を持続させるとすれば、交換は関係が不在であるところ、すなわち、共同体（社会）間に新たに関係を創り出すことができる。しかし、交換が創り出す関係は一時点に限定された瞬間的なものである。交換は本来的にスポット的な性格をもっており、それゆえ、持続的で反復的な関係を必要とする共同体（社会）内部には馴染まないのである。

資本主義は、社会の編制原理であった債権・債務関係を交換に置き換えることによって、成立したものである。一方で、交換（商業）の側もまたそれによって変容を蒙らざるをえない。共同体（社会）の内部に浸透することによって、商人は、「間」においては有していた資本としての「純粋」性を失うことになるのである。*16

共同体（社会）間の交換で「貨幣の役割」を演じる「純粋」な商人には、貨幣を流通手段として用いる必然性がない。生産者になった商人、産業資本の場合はそうではない。すでに述べたように、（流通手段としての）貨幣は、単一の商品を多数の商品と交換することに伴って生じてくるが、このことは、産業資本においては、二重に当てはまる。第一に、さまざまな生産手段（原料・道具等）と労働力を用い、特定の種類の商品を生産する産業資本においては、資本の運動自体が、単一の商品を多数の商品に交換するという形式を取る。第二に、産業資本が雇い入れる賃労働者が描くのも、単一の商品（労働力）を売り、多数の商品（生活手段）を買うという流通形式である。この二つの流通形式から、社会の内部に流通手段としての貨幣が不可避的に現れてくるのである。

貨幣は、メンガーが考えていたような、市場の発展から自生的に現れてくるものではない。共同体（社会）が市場に包摂された結果として、共同体（社会）内の債権・債務関係が換骨奪胎されながら市場のなかに移植されたときに、貨幣ははじめて現れる。この貨幣の生成過程は、市場と貨幣の関係を端的に示している。すなわち、市場が必然的に貨幣を生み出すのではなく、市場が共同体（社会）を偶然包摂したことによって、債権・債務関係が貨幣という形に組み替えられたのである。

2 貨幣の二つの身体

価値の幽霊性

マルクスの『資本論』には、貨幣形態の「生成《ゲネシス》」を扱った有名な箇所（第一巻第一章第三節）がある。[*17] 価値形態論と呼ばれるこの箇所は、しかし、経済学の説く「欲求の二重の一致」の困難に基づく貨幣の必然性論とはまったく異なる。マルクスは、当時すでにありふれたものであったこの種のアプローチに対して否定的であった。実際、『資本論』に先立つ『経済学批判』でも、「Aの商品はBにとって使用価値でありうるが、Bの商品はAにとって使用価値でない」といった「外部的な諸困難」から貨幣を導き出す方法がはっきりと批判されている。[*18] そればかりではない。貨幣についての常識的な見方からすれば意外なことに、マルクスの価値形態論はそもそも流通手段（交換手段）としての貨幣の生成を論じてはいない。

もちろん、マルクスも資本主義においては貨幣が流通手段として機能することを認めないわけではない。問題は、貨幣が流通手段として機能することが可能になる以前に、それ自体としては捕捉不可能な商品の価値が貨幣によって表現されねばならないということである。マルクスが「ブルジョア経済学［スミスをはじめとする古典派経済学をマルクスはこう呼ぶ］によってただ試みられたことさえないこと」という自負をもって価値形態論で論じたのは、[*19] 商品の価値をいかにして表現するかという、「欲求の二重の一致」よりも遥かに根源的な問題である。
マルクスが価値形態論に込めた問題意識は、その冒頭に置かれた次の言葉に端的に示されている。

商品の価値対象性は、どうつかまえたらいいか分からない代物だという点で、マダム・クイックリとは違っている。商品身体の感覚的にごわごわした対象性とは正反対に、商品の価値対象性には一分子も自然素材は入っていない。それゆえ、ある一つの商品をどんなにいじりまわしてみても、価値物としては相変わらずつかまえようがないのである。*20

「どうつかまえたらいいか分からない代物」というのは、シェークスピアの戯曲『ヘンリー四世』のなかに登場する放蕩貴族フォルスタッフの台詞である。馴染みの居酒屋の女将クイックリと口論になったフォルスタッフは「魚《フィッシュ》でもなきゃ四つ足《フレッシュ》でもない」カワウソだと悪態をつき、この台詞を吐く。だが、フォルスタッフがどう言おうとも、生身の人間であるクイックリは感覚的に把握可能であるし、文字通り、つかまえることもできる。もちろん、商品にも触知可能な、「感覚的にごわごわした」身体（商品身体）があるが、それは商品を商品たらしめるものではない。なぜなら、同じ身体をもつものが商品であることもあればそうでないこともあるからである。例えば、ダイヤモンドは、「それが美的にあるいは機械的に、娼婦の胸であるいはガラス切り工の手中で、使用価値として役立っている場合には、それはダイヤモンドであって商品ではない」*21。商品はその身体（がもたらす使用価値）によって直ちに商品となるわけでなく、価値をもつことによって、つまり、交換に供されることによってはじめて商品になる。価値には商品身体を構成する「自然素材」は一分子も入っておらず、それゆえ、その身体を「どんなにいじりまわしてみても」、価値は「つかまえようがない」のである。

商品の価値は直接把握することはできず、その意味で、「幽霊のような対象性」しかもたない。[*22]価値はそれ自体としては現前《プレゼント》することのできない幽霊の如き存在であり、それだからこそ、いかにして価値を表現（再《リ》ー現前《プレゼント》）するかということが問題になるのである。価値の幽霊性という価値形態論の出発点は、このようにはっきりと明言されているにもかかわらず、マルクスについてのある通念が災いして、まともに受け止められては来なかった。それは、マルクスが古典派経済学の労働価値説を継承しているという通念である。

労働価値説とは、商品の生産に費やされた労働によって価値の大きさが決まるという理論である。この理論を古典派経済学の創始者であるアダム・スミスは次のように説明する。

……一頭の鹿を殺すのに費やされる労働の二倍の労働が一頭のビーヴァーを殺すのに費やされるのが通例だとすれば、一頭のビーヴァーは、当然に二頭の鹿と交換される、つまり、二頭の鹿の値打ちがあることになるだろう。ふつう二日または二時間の労働の生産物であるものが、ふつう一日または一時間の労働の生産物であるものの、二倍の値打ちをもつのは当然である。[*23]

この説明は、商品の生産に費やされた労働時間を双方の交換当事者が承知していることを前提としている。すなわち、一頭のビーヴァーには一頭の鹿の二倍の労働時間が費やされているということから、鹿とビーヴァーの価値の比は一：二となり、一頭のビーヴァーに二頭の鹿が等置される。このように商品の価値が労働時間によって直接測られるとすれば、貨幣は計算上の単位にすぎないことになり、価値を貨幣額で表すことは、二頭の鹿に費やされた労働時間を一頭のビーヴァーと呼ぶことと本質的に変わらないことになる。

さらに、この考え方が反転されれば、貨幣を廃棄し、労働時間そのものを価値の計算単位として用いようとするロバート・オーウェンらの企て（いわゆる労働貨幣）が当然生じてこよう。だが、当時の社会主義者たちのこの種の企てに対して、マルクスは一貫して批判的であった。

なぜ貨幣は直接に労働時間そのものを代表しないのか、なぜ、例えば一枚の書きつけが労働時間を表すというようにならないのか、という問いは、まったく簡単に、なぜ商品生産の基礎の上では労働生産物は商品として表されなければならないのか、という問いに帰着する。なぜならば、商品という表示は商品と貨幣商品とへの商品の二重化を含んでいるからである。[*24]

商品の価値は労働時間によって計測できるという労働価値説の前提が正しいのであれば、貨幣が直接に労働時間そのものを代表してもよいはずである。しかし、労働価値説を古典派経済学から継承しているはずのマルクスは、労働貨幣をはっきりと否定する。マルクスが価値形態論で試みているのは、労働価値説の前提を用いることなく「商品と貨幣商品とへの商品の二重化」のプロセスを跡づける、ということなのである。

労働価値説を否定し、限界効用理論を打ち立てたジェヴォンズらも貨幣をたんなる計算単位と見る点では実は選ぶところはない。限界効用理論では、効用が測定可能な量として扱われ、それに基づいて交換比率が決まるとされる。ここでも、貨幣は交換比率を表す単位（レオン・ワルラスのいわゆるニュメレール）でしかない。労働価値説を採るにせよ、限界効用理論を採るにせよ、価値をそれ自体で現前できるものと見てしまうと、価値の表現（再‐現前）という価値形態論固有の問題は看過されざるをえない。確かに、マルクスは古典派経済学の労働価値説を基本的に受け容れてはいるが、それはあくまで交換当事者の意図を超えて働くマクロ的なメカニズムであり、価値それ自体は幽霊のように「つかまえようがない」ものなのである。

取り違え《クヴィトプロクヴォ》

価値が幽霊のようだと言われるのは、それが「つかまえようがない」ものであるからだけではない。固有の身体をもたず、別の身体を介してしか出現できない点でも幽霊に通じるところがある。

例えば、シェークスピアの別の戯曲『ハムレット』では、ハムレットの父である先王の幽霊が甲冑の姿をとって現れる。目に映るのは王が生前身に着けていた甲冑だけで、甲冑のなかに隠されている（はずの）先王の身体そのものを見ることはできない。商品の価値も当該商品の身体として現前《プレゼント》するのではなく、別のものの身体、すなわち、貨幣の身体を通じて再《リ》-現前《プレゼント》（表現）する。だが、このようなことがいかにして可能になるのか。それを価値表現の「最も単純な最も目立たない姿から光まばゆい貨幣形態に至るまでを追跡する」ことによって解明しようとしたものが価値形態論である。*25

価値表現の「最も単純な最も目立たない姿」、すなわち、形態Ⅰは、例えば、「二〇エレのリンネル＝一着の上着」という形で表される。この等号を用いた表記には注意が必要である。というのは、形態Ⅰは、普通等号で示されることとは違って、二〇エレのリンネルと一着の上着が等しいことを意味してはいないからである。リンネルと上着（の使用価値）は質的に異なっており、当然ながら直接等置することはできない。ならば、リンネルの価値と上着の価値が等置されていると理解すればよいのか。スミスであれば、そう考えるだろう。つまり、二〇エレのリンネルの生産に費やされた労働と一着の上着の生産に費やされた労働が等置されているのだと。だが、これは形態Ⅰの意図するところではない。

マルクスの価値形態論の意味を正確に理解するためには、イコールを数学的な等号ではなく、論理学における繋辞《コプラ》と捉える必要がある。繋辞とは、命題のなかで主辞（主語）と賓辞（述語）を繋ぐ役割を果たす語であり、例えば、「ライオンは動物である」における「である」がこれに当たる。つまり、「二〇エレのリンネル＝一着の上着」は、「二〇エレのリンネル（の価値）と一着の上着（の価値）は等しい」と言っているのではなく、「二〇エレのリンネルは一着の上着である」と言っているのである。

では、「二〇エレのリンネルは一着の上着である」とはどういうことなのか。それを説明するために、「ライオンは動物である」という命題を「動物」という言葉がないときにどう表現すればよいのかを考えてみよう。動物という意味は、ライオンという特定の種の「感覚的にごわごわした」身体とは無関係である。そのことを示すためには、ライオンと類似していながらライオンとは違う種の身体、例えば、トラの身体を用いればよい。つまり、動物という意味の最も単純な表現は、「ライオンはトラである」となる。これが隠喩《メタファー》と呼ばれる修辞法である。

一般に隠喩が用いられるのは、表される内容に固有の表現――この場合は動物という語――が存在しない場合である。他に適切な表現があるならば、わざわざ隠喩に頼るには及ばない。リンネルの価値が上着の身体という隠喩によって表現される形態Iについても同じことが言える。「リンネルの高尚な価値対象性はごわごわしたリンネルの身体とは異なっている」ということを示すためには、「リンネルは、価値は上着に見え、したがって、リンネル自身も価値物としては上着にそっくりそのままである、と言う」必要があるのである。*26

だが、動物がトラではないように、価値は上着ではないのだから、結局は、形態Iは不可能な表現である。他方で、（リンネルの）価値はリンネルの身体とは違うということを示すために、リンネルは他商品の身体による表現を必要とする。ゆえに、リンネルは失敗してはまた別の商品による表現を求めるという終わりのない試みを続けざるをえなくなる。かくして、形態Ⅰの右辺は際限なく拡大していく。これが形態Ⅱ、すなわち、「二〇エレのリンネル＝一着の上着、または＝一〇ポンドの茶、または＝四〇ポンドのコーヒー、または＝一クォーターの小麦、または＝二オンスの金、または一／二トンの鉄、または＝その他」である。[*27]

　また、形態Ⅰは不完全な表現でもある。そこでは上着（トラ）が表現している内容が不在である、あるいは、確定できないからである。形態Ⅰで表現されている内容は、貨幣（動物という語）が成立した後から眺める限りで、価値（動物）と呼ばれうるにすぎない。価値（動物）という意味は貨幣（動物という語）による表現を通じてはじめて現れるのであり、表現から独立して存在しているわけではない。そして、この意味の空虚は、リンネルの価値（動物）が上着（トラ）以外のさまざまな商品（動物）によって表現される形態Ⅱにおいても埋められることはない。

　価値表現における意味の不在は、形態Ⅲに至ってようやく解消される。すなわち、「一着の上着、一〇ポンドの茶、四〇ポンドのコーヒー、一クォーターの小麦、二オンスの金、一／二トンの鉄、x量の商品A、等々の商品＝二〇エレのリンネル」であるが、[*28] ここでは、表現する側ではなく、表現される側が複数となる。この形態Ⅲを通じて、複数の諸商品が同一の意味に結びつけられるようになる。ここに至って、諸商品相互の同一性《アイデンティティ》＝同等性《イクウィヴァレンス》という価値の意味がはじめて現れるのである。

他方、不可能性については、リンネルのみが価値を表現する側に立つことで克服される。形態Ⅲにおいては、リンネル以外のあらゆる商品がその価値をリンネルで表現することによって、リンネルは表現される立場に立つことを禁じられる。リンネルは商品世界の住人でありながら、「商品世界から排除」されるのである。[*29] この「排除」によって、リンネルという特定の種の身体が価値という類の現象形態となり、リンネル以外の諸商品はリンネルによって価値を表現することが可能になる。このことをマルクスは『資本論』初版において次のように説明している。

> 形態Ⅲにおいては、リンネルは全ての他の商品にとっての等価物の類形態として現われる。それは、ちょうど、群をなして動物界のいろいろな類、種、亜種、科、等々を形成しているライオンやトラやウサギやその他のすべての現実の動物たちと相並んで、かつそれらのほかに、まだなお動物というもの、すなわち動物界全体の個別的化身が存在しているようなものである。このような、同じ物のすべての現実に存在する種をそれ自身のうちに包括している個体は、動物、神、等々のように、一つの一般的なものである。[*30]

形態Ⅲの右辺に置かれたリンネルは、動物という語がライオン、トラ、ウサギといった動物種のすべてを内包するように、すべての商品にとっての「類形態」となる。しかも、「感覚的にごわごわした」身体を備えたリンネルという個体がそれ自体として「一般的なもの」となる。イエス・キリストという個人に神が受肉したように、リンネルが商品世界全体（類）の「個別的化身」となるのである。

ここまで来れば貨幣までは後一歩である。形態Ⅲの右辺、すなわち、一般的等価物と貨幣との相違は、「客観的な固定性と一般的な社会的妥当性」を獲得することによって、特定の商品の「現物形態〔身体〕に等価形態が社会的に癒着する」ことにある。[*31] ここに至れば、価値形態（等価形態）と貨幣の身体が「社会的に癒着」し、両者は切り離すことができなくなる。貨幣においては、その身体が価値形態と文字通り一体となる。『ハムレット』のなかで、それ自体はただの物でしかない甲冑が先王の幽霊に見えたように、貨幣の「使用価値〔身体〕がその反対物の、価値の現象形態になる」のである。[*32] この事態をマルクスは「取り違え（Quidproquo）」と呼んでいる。「取り違え」とは、something for something（何かの代わりの何か）という意味のラテン語由来の言葉である。この「取り違え」によって、貨幣は「感覚的にがさがさした」身体をもちながら、感覚によっては捉え切れないものに、すなわち、「感覚的であると同時に超感覚的であるもの、または社会的なもの」になるのである。[*33]

貨幣の身体の二重化

貨幣は、諸商品を同一の意味に繋ぎ止め、安定した秩序を商品世界にもたらすが、そのためには貨幣の身体が要請される。しかしながら、この要請はそれ自体矛盾した要請である。なぜなら、貨幣の身体が現実に現れるならば、商品世界の秩序はただちに危機に曝されることになるからである。一つの身体に価値形態を固定させることは、価値という意味に安定性をもたらすように見えるが、その身体は同時にそれを脅かすものともなるのである。

貨幣生成後の世界では、価値という意味の安定性は直接に貨幣身体の安定性に依存する。貨幣の身体がいつでもどこでも変わらないものでなければ、それが意味する価値の同一性は担保されない。このことを一八世紀末の重商主義者ジェームズ・ステュアートは次のようなたとえを使ってうまく説明している。

一二歳の若者が、歳を重ねながらもそのときどきに応じて自分の足《フィート》の長さで測定することを思い立ち、そしてこの成長過程にある足《フィート》をインチ、さらにはその一〇分の一へと分割すると想定しよう。その場合、彼の尺度計算から何を知ることができるだろうか。彼の歳が重なるにつれて、彼のフィート、インチおよびその再分割部分は徐々に長くなるであろう。そこで、もしあらゆる人が彼の例に倣って、自分自身の足《フィート》で測定したとすれば、そのとき、いま設定した尺度としてのフィートは、その有効性を全く失うであろう。[*34]

成長期の少年の足《フィート》によって、あるいは、体格の異なる人の足《フィート》によって、つまり、可変の身体によって測られたフィートは、長さの統一的な表現としては役に立たない。同様に、貨幣の身体が不変の同一性をもたなければ、価値が安定した意味を保つことはできない。均質で不滅の身体を備えた貴金属、とりわけ、金銀が貨幣に相応しいとされてきたのはこうした理由からである。

しかし、均質で不滅のはずの金銀の身体も価値という意味に安定性をもたらさない。というのも、貨幣の身体は、価値を表現する素材（価値尺度）としては観念的《イデア》なものでよいが、流通手段としては実在的《リアル》なものでなければならないからである。価値表現の素材としての貨幣が観念的なものであることは、その身体性（物質性）を否定するものではない。むしろ逆である。「貨幣がただの計算貨幣としてだけ役だち、金がただ観念的な金として役だつにすぎない価値の尺度としての貨幣の機能にとっては、すべてがその自然的な物質にかかっている」[*35]。この点に関しては、往々にして混同されてきた物質性《マテリアリティ》と実在性《リアリティ》とを区別することが重要である。価値尺度としては、貨幣の身体は物質的《マテリアル》かつ非実在的《アンリアル》（観念的《イデア》）である。

観念《イデア》上の金銀はつねに純粋で完全な身体をもつが、現実《リアル》に流通するならば、金銀の身体が不変ではないことがすぐに明らかになる。金銀の身体は流通によって磨り減り、質の異なる諸身体が現れるようになるからである。

このとき、異質な身体をもつさまざまな貨幣によって、商品の価値が尺度され、交換がなされるならば、商品世界は複数の価値表現をもつことになる。同じ価値が、実際に受領される貨幣の質の違いに応じて、異なる大きさで表現されることになるのである。例えば、二〇エレのリンネルの価値は、貨幣Aであれば一ポンド、貨幣Bであれば一・一ポンド、貨幣Cであれば〇・九ポンドといった形で表される。[*36] 形態Ⅱへの事実上の逆戻りであるが、それが不可能で不完全な表現であることはすでに見た通りである。同一性という価値の意味にとって、貨幣の身体の同一性は必要不可欠である。それゆえ、貨幣の身体は、価値を表現する同一的なそれと、商品流通を媒介する異質的なそれとに分化せざるをえない。すなわち、貨幣は、王が自然的身体とは別に不可死の身体をもつように、二つの身体をもつ。[*37] 貨幣の一方の身体は、決して磨り減ることのない不滅の身体として、いつでも完全な純分をもつ。プラトンのイデアのように、完璧で不変の身体へと「観念化《イデアリジーレン》」されるのである。[*38] 他方のリアルな身体は、このイデアの影にすぎない。不完全で質もばらばらな個々の貨幣片は、完全な貴金属のイデアという「偉大なる名称の影」である限り、同じ価値を表現するものとして通用する。[*39] こうして、貨幣の身体は、リアルな身体（貨幣の第一の身体）とイデア的身体（貨幣の第二の身体）とに二重化されるのである。

この貨幣の身体の二重化は、流通のなかで緩慢に進行するだけではない。国家による贋金作りとも言うべき改鋳（悪鋳）はそれをいっそう過激に推し進める。[*40] だが、悪鋳等によって、貨幣の第一の身体の質が過度にばらつくようになると、天上界《イデア》に住む第二の身体も揺るがされざるをえなくなる。「悪貨が良貨を駆逐する」といういわゆるグレシャムの法則が意味するのは、このような貨幣の第二の身体の動揺である。

貨幣の身体の二重化は、第一の身体の異質性から生じるが、グレシャムの法則はこの異質性を否定しようとする動きを表している。悪鋳前の純分の高い良貨が流通から引き上げられ、あるいは、「余分な金の脂肪」を盗削《ダイエット》されて、[*41] 質の悪い貨幣のみが市場に残された結果、ばらばらであった第一の身体は、悪貨として同一性を取り戻す。例えば、市場で流通する貨幣の第一の身体が第二の身体（イデア）の八〇%の貴金属しか含んでいないという認識が広まれば、あらゆる商品の価格が二五%上乗せされ、物価騰貴《インフレ》が起きる。言わば、天上界の第二の身体が第一の身体によって地上に引きずり下ろされる形で、二つの身体が再統一されるのである。

だが、話はこれで終わりではない。貨幣の身体がその統一性を取り戻すと直ちに二重化の過程が再開される。グレシャムの法則は、貨幣の第二の身体を現実《リアル》の世界に引きずり下ろすが、そうして生まれた新たな身体も流通することによってすぐさま同一性を失う。貨幣の第二の身体が現実《リアル》に現われるや否や身体の二重化が生じ、第二の身体は再び「観念《イデア》化」される。貨幣の身体の統一と二重化は、こうして無際限に繰り返される過程となる。

この悪循環を断ち切るには、貨幣の二つの身体を完全に分離する必要がある。貴金属が観念《イデア》であるばかりでなく、現実《リアル》に流通する貨幣でもある場合、貨幣の二つの身体は同一の素材の上に重ね合わされる。もちろん、二つの身体は実際には同一ではなく、だからこそ、貨幣の身体の二重化が生じるのであるが、両者の乖離が行きすぎるとグレシャムの法則が働く程度には、同一性が要請される。逆に言えば、グレシャムの法則が発動しないようにするためには、貨幣の第一の身体を第二の身体（観念《イデア》）とはまったく別の素材に担わせればよい。相対的に無価値な卑金属や紙、さらには、電子データまでもが貨幣の「素材《マテリアル》」となるのは、こうした理由による。

マルクスは、貴金属とは異なる素材によって担われる現実《リアル》の貨幣を「価値章標（Wertzeichen）」、すなわち、価値（Wert）の記号（Zeichen）と呼んでいる。だが、この言い方には注意が必要である。価値章標において、卑金属や紙が貴金属に代わって諸商品の価値という内容を表現《リプレゼント》する記号となるわけではないからである。価値章標は、「商品の価値を直接に表現（repräsentieren）しているように見える」が、「こういう外観は誤りである[*42]」。価値章標は、正確に言えば、「価格（Preis）の章標（Zeichen）」、つまり、商品の価値を表現したものである価格（観念《イデア》としての貨幣の第二の身体）を代表《リプレゼント》する記号である。

貴金属が現実《リアル》に流通するとき、貨幣の二つの身体を結びつけるのは両者の素材上の同一性であった。これに対し、価値章標は貨幣の第二の身体（観念《イデア》）を代表《リプレゼント》するものとして通用するのであって、その素材は同じである必要がないどころか、むしろ異なっていなければならない。卑金属や紙から成る価値章標の身体は、貴金属のように不滅でも均質でもないから個々の身体のばらつきは一層激しくなるが、そのことは、貨幣の第二の身体の上に何らの傷もつけない。貴金属の観念《イデア》をそれとはまったく異なる素材が代表することによって、貨幣の身体の統一と二重化の悪循環に漸く終止符が打たれるのである。

貨幣のデモクラシー

ところで、マルクスは、二月革命後の第二共和政下のフランスを分析した際にも、代表するものと代表されるもの非同一性を指摘している。

……民主派の代議士といえばみな、商店主なのだとか、商店主たちに入れ込んでいるのだとか、考えるのもいけない。彼らは、教育や個人的地位からすれば、商店主たちとは天と地ほども違うかもしれないのだ。彼らが小市民の代表になるのはなぜかといえば、小市民が生活で超えない限界を、彼らが頭で超えないからであり、したがって、小市民が物質的利害と社会的地位のゆえに実際に取り組まなければならない課題と、採用しないわけにはいかない解決法を、彼らが理論の上で同じく、取り組み、採用しなければならないからである。一般にこれが、ある階級の政治的・文筆的代表者たちと、彼らが代表する階級との関係である。[*43]

代表されるもの（商店主）と代表するもの（民主派の代議士）が同一でないのは当然だが（そうでなければ代表とは呼べない）、それはかりでなく、両者は類似している必要すらないとマルクスは述べる。だが、価値章標は実は価格章標であると見抜いたマルクスからすれば、代表されるものは、特定の階級（種）ではなく国全体（類）、すなわち、市民《ブルジョア》ではなく公民《シトワイヤン》（ルソーの言う「一般意志」）でなければならないはずである。

フランス革命以前の旧体制《アンシャン・レジーム》においては、国家の同一性《アイデンティティ》（統一性）は王の身体と結びついていた。貨幣の身体によって諸商品の同一性＝価値が可能になるように、王の身体によって国家の同一性が可能になっていたのである。ここでは、国家の存立が王の身体に懸かっているのであり、それゆえ、王の死によってその身体が失われるとすれば、国家は解体の危機に曝されることになる。王がその自然的身体とは別に、第二の不死の身体、政治的身体（政治体）をもつとされてきたのはこのためである。あるフランス国王が言ったとされる「朕は国家なり」という言葉は、その真偽はともかく、王の身体は同時に政治体（国家）でもあるという意味だとすれば、完全に正しい。

フランス革命における王殺しは、ルイ一六世の自然的身体だけでなく、政治的身体をも破壊したと一先ずは言いうる。だが、その後のフランスが辿った道は、政治的身体なしに国民を直接代表することの困難さを示している。政治哲学者のクロード・ルフォールは、フランス革命による「民主主義の発明」に伴い、王の身体が占めていた地位（権力）は「空虚な場」となったと述べているが、この空虚を擁護しようという意図はジャコバン派の恐怖政治《テロル》を招き、最終的には、ナポレオンの身体がそこを埋めることになったのである。*44

一八四八年に起きた二月革命はフランス革命の言わば「再版」であるが、一度目の「悲劇」よりもむしろ二度目の「笑劇」の方が二つの身体の関係性を明るみにする。*45 ナポレオンの甥であるルイ・ボナパルト（シャルル・ルイ＝ナポレオン・ボナパルト）は、戦術的・政治的才覚ゆえにではなく、ただナポレオンという名ゆえに帝位に就き、権力の「空虚な場」を埋めることになるのである。

歴史の伝説を通じて、ナポレオンという名の男が、自分たちにすべての栄光を取り戻してくれるだろうという、フランス農民の奇跡信仰が生まれた。すると、「父子関係の詮索はすべて禁ずる」と命じているナポレオン法典のおかげで、ナポレオンの名をもっているために、自分こそこの男だと称する人物が現れた。二〇年にわたる流浪と一連の異様な冒険の後、伝説が現実のものになり、この男はフランス人の皇帝となる。[*46]

ナポレオンとルイ・ボナパルトを結ぶものが、血縁関係ではなく——ルイ・ボナパルトはナポレオンの本当の甥ではなかったと言われる——、ナポレオンという名でしかなかったということは、政治的身体の本質をよく表している。第二帝政の皇帝となったルイ・ボナパルトの自然的身体は、同じ名をもつ英雄の代わりでしかない。それは、文字通り、「偉大なる名称の影」である。もっとも、『内戦《パルサリア》』の老ポンペイウスが若かりし頃の自分自身の影であったのとは異なり、ルイ・ボナパルトの場合は、別人の影となるのであるが。

価値章標についても同じことが言える。価値章標が現実《リアル》の貨幣となるのは、その素材がもつ価値ゆえにではない。元は貴金属の重量を表していたポンド、リーヴルといった貨幣名の影、貨幣の第二の身体（観念《イデア》）の代表である限りにおいて、価値章標は現実《リアル》に貨幣として流通することができる。しかし、民主主義の場合と同様に、この観念《イデア》が貴金属から完全に切り離された純粋な名称となること、貨幣の第二の身体が「空虚な場」となることには大きな困難が伴う。

マルクスが「価値章標の完成された形態」と呼んだ国家紙幣（アッシニア）を発行したのが、フランス革命時の国民議会であったということは、この革命が貨幣においても王殺しを目論むものであったことを示している。*47 革命政府がすぐには王制を廃止しなかったように、アッシニアも当初は没収した王室と教会の土地を担保とする債券として躊躇いがちに発行されたが、やがて強制通用力をもつ国家紙幣に切り替えられた。発行量に歯止めが掛からなくなったアッシニアは貴金属に対して加速度的に減価してゆく。最終的には、ほとんど無価値なったアッシニアは廃棄され、貴金属が再び本位貨幣となった。議会制民主主義の困難がナポレオンを皇帝に据えたように、ハイパーインフレが貴金属を商品世界の王に返り咲かせたのである。

貨幣のデモクラシーが完成を見るのはフランス革命から二世紀近く経った一九七一年のことである。しかし、それは、国家が外部から付与する強制通用力によってではなく、資本が内生的に創り出す信用（債権・債務関係）の力によって成し遂げられるのである。

信用の貨幣化

信用を与える《ギヴ・クレジット》（信じる）ということは、相手に「負い目《シュルト》」＝「債務《シュルデン》」を負わせて返礼＝返済の義務を課すことである。このような債務を生み出すのは、貨幣の貸付だけではない。現物での貸付、とくに農業のための生産手段（種子、家畜など）の貸付の歴史は貨幣の起源よりも古く、紀元前五〇〇〇年頃にまで遡るとも言われる。*48 また、信用（債権・債務関係）は狭義の貸付に限定されない。前もって何かを与えること－贈与《ギヴィング》によって、相手を自分の支配下に置き、従属させることができる。フランスの人類学者のマルセル・モースは返済されない贈与が支配・従属関係を生み出すことを指摘している。

与えること、それは自らの優越を表明することである。それは、より大きくあることであり、より高くあることであり、主人《マギステル》であることである。これに対して、受け取って何もお返しをしないということ、もしくは、受け取っても受け取った以上のものを返さないということは、従属的な立場に身を置くことである。それは、相手の子分、従僕になることであり、より小さくなることであり、より低い地位に身を落とすことなのである（従者《ミニステル》）*49。

古代の主人と奴隷との関係、中世の封建領主と農民との関係、さらには、近代の国家と国民との関係は、いずれも贈与（という神話）に基づく債権・債務関係の変異《ヴァリアント》と見ることができる。一方、資本とは、こうした権力関係（支配・従属関係）から「逸れ」た余剰の流れ《フロー》である。資本は、支配・従属関係を免れるために、信用（債権・債務関係）に拠らない関係の結び方をひたすら彫琢してきた。貸しも借りもない見知らぬ者《エトランジェ》同士が関係を取り結ぶ最も簡単な方法は、戦争を別にすれば、交換である。交換の特徴は、その成立要件がきわめてシンプルであることである。交換は純粋に二者間

――個人間であれ集団間であれ――で完結した関係であり、第三者や外部の制度の支えを必要としない。すなわち、交換のためには、当事者が「互いに相手を私的所有者として」認め合うだけでよいのである。*50

交換は関係を創り出すが、信用とは異なり、関係を持続させる力をもってはいない。交換の成立要件がシンプルであるのは、交換が創り出す関係がシンプルだからである。すなわち、交換が創り出す関係は、交換そのものに限られる。その関係は瞬間的《スポット》であり、交換の前後に広がっていくような時間的な幅をもっていない。

この瞬間性は、形態を素早く変換しながら価値を増殖させる資本の流れ《フロー》にきわめて適合的である。逆に、信用（債権・債務関係）や権力（支配・従属関係）は、その持続性、固定性ゆえに、本来、流動《フロー》的な資本には適さないが、生産過程を内包するためにはそうした異質の原理を取り込まざるをえない。資本主義の下では、資本が労働者と支配・従属関係を結ぶために、労働力という架空《フィクション》の商品が売買されるが、この特殊な商品は転売することができず、時間をかけて消費することによってしかその価値（以上のもの）は回収されない。また、瞬間的《スポット》な交換を繰り返す商人資本とは異なって、産業資本の場合には、その使用価値的制約ゆえに、生産系列に沿った持続的な関係が生まれ易い。このような持続的な関係の下で、固定資本の遊休を防ぐために生産の継続性を保ちたいという一方の与信動機と、不可避的に生じる遊休貨幣を運用したいという他方の受信動機があれば、資本間で債権・債務関係（商業信用）が形成される。さらには、商業信用では満たされない与信動機と受信動機を実現するために、銀行のような専業の金融機関が現れ、銀行信用を提供するようになる。

商業信用や銀行信用において用いられる債務証書（手形）は、持続的な関係が結ばれるところでは、それ自体流通性をもつことができる。すなわち、Aの振り出した債務証書をもつBがAの支払いを待つことなく、Cに債務証書を譲渡することによって、Cから商品等を買うことができる。このように「債務証書そのものが、さらに債権の移転のために流通することによって、発生するもの」が「信用貨幣」である。[*51] 債務証書は転々流通することによって貨幣の第一の身体を代替しうる——ゆえに「信用貨幣」と呼ばれる——が、その代替可能性には二つの点で限界がある。第一に、信用貨幣は、それが債務証書である限り、支払いがなされるまでの間しか流通することができない。この点で、支払期日のある商業手形よりも銀行の手形である銀行券の方が一般に流通性が高い。一覧払形式を取る銀行券には期日がない（いつでも支払いを受けることができる）からであるが、そのことによって銀行券の債務証書としての性格が失われるわけではない。信用貨幣のもう一つの限界に直面したとき、銀行券の債務性が如実に現れる。すなわち、銀行券の流通性は、それを発行した銀行の信用の及ぶ範囲によって画される。この範囲外の相手から商品を買うためには、銀行券をより通用力のある現金と取り替え（兌換し）なければならない。また、銀行券の流通範囲は固定的なものではなく、銀行の財務状況や景気の変化によって伸縮しうる。

銀行券の流通性がこのような限界をもつ限り、貴金属（金）を商品世界の玉座から完全に引きずり下ろすことはできない。もちろん、「国立銀行と私立銀行との奇妙な混合物として事実上その背後に国家信用をもっており、その銀行券は多かれ少なかれ法定の支払手段である」中央銀行の場合には[*52]、その発行する銀行券は高度の流通性を有すると言ってよいが、中央銀行券と言えども国境を越えて流通することは難しく、国際的な取引のための兌換は残らざるをえない。確立した資本主義では、銀行券をはじめとする信用貨幣がかなり広範に用いられるが、資本主義にとって世界市場が不可欠である限り、貨幣における王殺しは完成しない。しかしながら、他方で、世界市場が発展するにつれて、兌換の維持は次第に困難になってゆく。金本位制（金兌換に基づく貨幣制度）の下では、国際収支上の均衡は金の流出入を通じて保たれるが、金の移動によって調整不可能なほどの不均衡が生じれば、兌換を続けることができなくなる。じっさい、第一次世界大戦や一九二九年大恐慌が起きたときには、各国は金兌換を停止せざるをえなかった。

しかし、金兌換の停止は為替相場を不安定なものにし、結果として国際取引を停滞させる。第二次世界大戦後、潤沢な金をもつに至ったアメリカは金本位制に復帰し、その他の国々は自国通貨を兌換銀行券としてのドルに固定することによって国際通貨体制は一応の安定を見た（いわゆるブレトンウッズ体制）。しかし、西ヨーロッパや日本の戦後復興・高度経済成長が進むにつれて、アメリカの国際収支は悪化してゆき、一九七〇年代に入る頃にはアメリカはドルの金兌換を停止せざるをえなくなる（いわゆるニクソン・ショック）。こうして、貨幣における王殺し（革命）は漸く完遂されるのだが、そのことは諸商品の同一性＝価値を担保する場を空虚にするがゆえに、商品世界に不安定性《インフレ》をもたらさずにはいなかった。さらには、一九八〇年代以降のグローバリゼーションの時代において、脱領土化した資本は、為替レートの不断の乱高下《ボラティリティ》に苛まれることにもなるのである。

＊1　アダム・スミス、『国富論』一、五二ページ

＊2　Carl Menger, "On the Origin of the Money"、参照。メンガーの主著『国民経済学原理』にも同様の議論が含まれている。

＊3　サーチ理論を用いる最近の貨幣理論も基本的にはこのメンガーの枠組みを踏襲している。Nobuhiro Kiyotaki and Randall Wright, "On Money as a Medium of Exchange"、参照。

＊4　カール・マルクス、『資本論』(1)、一六一ページ

＊5　『資本論』(1)、二八七―二八八ページ

＊6　カール・マルクス、『資本論草稿集』②、七六五ページ

＊7　a＝〇・五b、b＝4c、c＝〇・六aという交換比率が不変であれば、一周あたりの増殖率はどの商品で尺度しても同じ一二〇％である。

＊8　カール・マルクス、『経済学批判』、五六ページ

＊9　『資本論』(7)、三六ページ

＊10　『経済学批判』、二九七―二九八ページ、〔　〕内筆者補足。

＊11　Geoffrey Ingham, *Nature of Money*, p. 110

＊12　『資本論』(1)、一九八―一九九ページ

＊13　マルクスは、「古代世界では、商業の作用も商人資本の発展も、その結果はつねに奴隷経済である」（『資本論』(7)、三四ページ）と述べている。

＊14　『経済学批判』、二九八ページ、〔　〕内筆者補足。

＊15　フリードリッヒ・ニーチェ、『道徳の系譜』、四四三―四四四ページ

＊16　『資本論』(7)、二九ページ

＊17　『資本論』(1)、九四ページ

＊18　『経済学批判』、五六―五七ページ

＊19　『資本論』(1)、九三―九四ページ、〔　〕内筆者補足。

＊20　『資本論』(1)、九三ページ

＊21　『経済学批判』、二五ページ

＊22　『資本論』(1)、七七ページ

＊23　『国富論』一、九一ページ

＊24　『資本論』(1)、一七一―一七二ページ

＊25　『資本論』(1)、九四ページ

＊26　『資本論』(1)、一〇一ページ

＊27 『資本論』(1)、一一八ページ

＊28 『資本論』(1)、一二三ページ

＊29 『資本論』(1)、一二六ページ

＊30 カール・マルクス、『資本論第一巻初版』、六三―六四ページ。この文章は、現行版（第四版）の『資本論』には含まれていない。

＊31 『資本論』(1)、一三〇ページ、〔 〕内筆者補足。

＊32 『資本論』(1)、一〇八ページ

＊33 『資本論』(1)、一三五ページ

＊34 ジェームズ・ステュアート、『経済の原理』第三・四・五編、一三―一四ページ

＊35 『経済学批判』、一五六ページ、傍点は引用者。

＊36 イギリスの通貨単位であるポンド（正確にはポンド・スターリング）は、元々はスターリング・シルバー（純度九二・五％の銀）の重量であった。フランス革命以前のリーヴル、明治維新以前の匁なども同様に貴金属の重量名に由来する。

＊37 エルンスト・H・カントーロヴィチ、『王の二つの身体』、参照。王は、自然的身体としては、無論、死すべき存在であるが、その政治的身体《ボディ・ポリティック》（政治体＝国家）は決して死ぬことはないのである。

＊38 『経済学批判』、一四〇ページ

＊39 『経済学批判』、一四〇ページ。ローマ内戦を描いた『内戦《パルサリア》』のなかで、ルーカーヌスが若きカエサルに対峙する老ポンペイウスを形容した言葉をマルクスはここで引用している。

＊40 コインの貴金属含有量を減らす悪鋳は、国庫収入を殖やす安直な手段として、洋の東西を問わず、権力者からの人気を集めてきた。ヨーロッパにおける悪鋳の歴史については、フェルナン・ブローデル、『地中海』⑤、三〇五―三一〇ページを参照。

＊41 『経済学批判』、一四一ページ。受け取ったコインを削ってから手放す盗削（clipping）によって利得が生じるのは、貨幣が二重の身体をもつからであるが、それは、悪鋳と同様、最終的にはこの二重性を否定することに帰着する。

＊42 『経済学批判』、一四九ページ

＊43 カール・マルクス、『ルイ・ボナパルトのブリュメール一八日』、四二―四三ページ

＊44 クロード・ルフォール、『民主主義の発明』、九一ページ、参照。また、ジャコバン派の恐怖政治が民主主義を否定するためのものではなく、むしろ民主主義（権力の空虚な場）を擁護するためのものであったことについては、スラヴォイ・ジジェク、『為すところを知らざればなり』、四四九―四五二ページを参照。

＊45 『ルイ・ボナパルトのブリュメール一八日』、三ページ

＊46 『ルイ・ボナパルトのブリュメール一八日』、一二五ペー

ジ

*47 『経済学批判』、一四九ページ。フランス革命に先立つアメリカ独立戦争（アメリカ革命）に際しても、やはり国家紙幣（大陸紙幣）が発行された。国家紙幣と革命の結びつきについては、ジョン・K・ガルブレイス、『マネー――その歴史と展開』、第六章を参照。

*48 カビール・セガール、『貨幣の「新」世界史』、一二八―一二九ページ、参照。

*49 マルセル・モース、『贈与論』、四二五ページ

*50 『資本論』(1)、一五五ページ

*51 『資本論』(1)、二四五ページ

*52 『資本論』(7)、一五七ページ

第3章

賃労働の変容

『資本論』の要である労働を考えていくに際して、
本章ではまず「賃労働者は自由なのか」という問いを立ててみたい。
マルクスの「労働力の所持者」という概念は
賃労働者が自由でありながら従属的な存在でもあるという両義性を表している。
すなわち、労働力の売買によって賃労働者の
「人格 - 身体」が、譲渡される部分と譲渡されない部分とに
二重化されることを意味しているのである。
しかし、資本主義の発展に伴う生産システムの変化によって、
労働の形式的従属 - 包摂は労働の実質的従属 - 包摂に転化し、その結果、
賃労働者の自由(固有性)が次第に失われていくことになったのである。

1　賃労働者は自由なのか

資本主義における失業

さまざまな経済統計のなかでも、失業率は景気の良し悪しを判断するための重要な指標とされている。日本では、未曽有の好景気であった高度経済成長期に失業率が大幅に低下し、とくに、一九六〇年代後半には、一％台前半にまで下がった。それ以降、二度の石油危機が起こった七〇年代にやや悪化したとはいえ、日本の失業率は基本的に低く抑えられてきたが、バブル崩壊後の長期不況のなかでついに五％に達した。日本以外に目を向ければ、欧米諸国では、一九五〇・六〇年代の資本主義の「黄金時代（Golden Age）」――欧米では戦後の高度成長期をこう呼ぶ――の後、失業率は早くも急上昇を見せ、その後、振幅はあるものの、一〇％前後の高い水準が続いてきた。

過去には失業率がもっと高かった時期もある。世界大恐慌に端を発する一九三〇年代の不況期には、アメリカでは二五％、ドイツに至っては三〇％を超えた。さらに遡れば、規則的な景気循環が見られた一九世紀半ばのイギリスでは、一〇年毎に恐慌が起こるたびに失業率は六－七％に跳ね上がった。[*1] このように、資本主義という経済システムは相当数の失業者、すなわち、働き口がないために貧困に陥る人々を生み出してきたわけであるが、このことは、歴史的に見ると、実はきわめて特異である。

もちろん、資本主義以前の社会にも働かない人がいなかったわけではない。しかしながら、それらの社会では、資本主義における失業者とは対照的に、富者（権力者）であることが働かないことの条件であった。例えば、古代のギリシアやローマで、市民が働かずに政治や芸術に専念することができたのは、彼らが自分の所有する奴隷に労働を担わせていたからである。また、中世ヨーロッパの封建社会では、領主は農民（農奴）を領土に縛りつけて働かせ、彼らから余剰を強制的に収奪した。古典古代の市民や封建領主にとって、自らの土地を生産的に活用するための不可欠な資源である奴隷や農民を働かない状態にしておくことは考えられないことであった。要するに、古代や中世の社会には、資本主義で見られるようなタイプの失業は基本的に存在しなかったのである。

資本主義以前の社会では、失業によって貧困に陥ることはなかったとしても、労働に従事する奴隷や農民は苦しい生活を強いられていたに違いない、そう思われるかもしれない。しかし、このイメージは必ずしも適当ではない。古代世界では、奴隷は非常に高価な商品であった。古代史家のジェリー・トナーの推計によれば、古代ローマ時代の成人男性の奴隷の平均価格は一〇〇〇セステルティウスであり、これは四人家族の一年間の生活費に相当したという。*2 これほどの大金を投じて手に入れた奴隷を無闇に痛めつける理由はどこにもない。むしろ、労働を効果的に引き出すためにも、資産としての価値を維持するためにも、主人は奴隷に十分な衣食住を与えねばならなかった。奴隷によって担われた仕事も多種多様であり、例えば、古代ローマでは、鉱山や農場で過酷な身体労働を課せられた者以外にも、医師や教師など、今日で言う専門職に携わる奴隷が存在した。中世の農民も、つねに生存ぎりぎりの生活水準を余儀なくされていたわけではない。農民の境遇は土地と人口の比率に左右されたが、人口が過剰になると、領主は開墾や植民により土地の不足を何とか解消しようとした。逆に、疫病などによって人口が減少し、土地に対して人口が稀少となった中世後期、具体的には、一四世紀から一五世紀にかけてのヨーロッパでは、かなりの所得の上昇が見られたのである。[*3]

それでも、古代の奴隷や中世の農民は、自由を奪われているという点で、資本主義における賃労働者とは決定的に異なる、そう抗弁したくなるかもしれない。確かに、奴隷はもちろん、中世の農民でさえもその自由は大幅に制限されていたのであり、勝手に移動したり、職業を変えたりすることはできなかった。これとは対照的に、現代の賃労働者は、自らの意思だけに基づいて自由に雇用契約を結んでいるように見える。失業によって貧困に陥る恐れがあるからといって、自由を放棄して他人の奴隷になろうとする者がいるとは思われない。だとすれば、資本主義における失業は自由を享受することに不可避的に伴うリスクだと言ってよいだろうか。

賃労働者と奴隷

賃労働者は自由な存在であり、不自由な奴隷とは明確に区別されるというのは当たり前のことのように思える。しかし、工場制が登場したばかりの一八世紀末のイギリスでは、このことは決して自明ではなかった。イギリスでは、伝統的に、他人の支配下で労働に従事する者はすべてサーバントという語で括られてきた。サーバントと言えば、執事やメイドのような家内奉公人がすぐに思い浮かぶが、それ以外にも、親方の下で修業する徒弟、さらには奴隷もサーバントと呼ばれた。産業革命によって機械制大工業が成立し、大量の賃労働者が工場で働きはじめたとき、彼（女）らも先ずはサーバントという古くからある範疇で捉えられた。*4 雇用契約に関する最初の制定法が「主従（マスター・アンド・サーバント）法」であったということはこのことをよく示している。

賃労働者がサーバントという語で呼ばれたことは、雇用関係が対等な関係ではなく、主人と奴隷との関係に端的に見られるような支配・従属関係と理解されていたことを意味する。本来、農奴制が消滅して久しい一八世紀のイギリスには、奴隷は存在しないはずであった。しかし、現実には、西インド諸島や北米のイギリス植民地で、大量の黒人奴隷を使って砂糖きび等のプランテーションが経営されていた。一部の黒人奴隷はイギリスに連れてこられ、国内でも盛んに売買された。こうして、一八世紀末のイギリスでは、遥か昔にいなくなったはずの奴隷が珍しい存在ではなくなっていたのである。*5

賃労働者というサーバントの新たな形態がまさに出現してきたとき、同じ範疇で捉えられる奴隷を実際に目の当たりにすることができたことは厄介な問題を引き起こしたに違いない。賃労働が自由であるはずの自国民を黒人奴隷と同じような不自由な地位に貶める抑圧的な制度であるとすれば、大きなスキャンダルとなる。それゆえ、この制度が世の中に受け入れられるためには、賃労働者は奴隷とは異なって自由であることが強調されねばならない。他方で、主従法の目的が雇用期間中の労働放棄を刑事的に処罰することであったことからも分かるように、資本にとっては利潤を確実に引き出すために賃労働者をコントロール下に置くことが何よりも重要であった。こうして、賃労働という新たな制度はディレンマに突き当たる。賃労働を社会的に許容可能なものにするためには、賃労働者が自由であることを強調しなければならないが、自由を実質的に認めてしまうと、賃労働者を資本の命令に全面的に従わせることができなくなる。このディレンマを解消するために案出されたのが、労働力商品というフィクションである。

すでに見てきたように、商品の売買ないし交換とは、本来、支配・従属関係の外部において、それとは異なる仕方で関係を取り結ぶ行為である。交換の双方の当事者は、マルクスが言うように「互いに独立な人格」でなければならない。[*6] 支配・従属関係にある者同士、例えば、主人と奴隷の間で交換が行われることはない。交換によって奴隷を手に入れることはできるが、そのときの奴隷は交換の対象（object）＝商品であって主体（subject）＝商品所持者ではない。奴隷の売買において、その代金を受け取るのは、奴隷自身ではなく、奴隷の元の所有者である。交換によって、奴隷でない者を奴隷にすることはできない。奴隷を生み出すのは戦争や誘拐といった（経済外的）暴力であって、交換はすでに奴隷となっている者に対する所有権を移転するにすぎないのである。

だが、自分を売ることによって奴隷になることはできるのではないか。結論から言えば、それは原理的に不可能である。交換における給付と反対給付の同時性を厳密に考えると、代金を受け取る瞬間にはその代金もろとも売り手は買い手の所有物になることになり、売り手が存在しなくなってしまう。なお、いわゆる債務奴隷、すなわち、借金の形《かた》に奴隷となることと、自分を売ることとは区別されなければならない。交換の同時性を無視すれば、債務奴隷は代金先払いで自分を売っているように見えるかもしれない。すなわち、奴隷になる以前の売り手が交換の主体（subject）として代金を先に受け取り、一定期間後に交換の対象（object）としての自分を買い手に引き渡すと考えれば、自分を売ることは不可能ではないように見える。しかし、ここで行われているのは正確には交換ではなく、相手に負債を負わせて支配下に置くこと、すなわち、信用（債権・債務関係）である。信用から生まれるのは債務奴隷だけではない。戦争捕虜や誘拐された者も、暴力によって生命という負債（借り）を無理やり負わされ、奴隷として生涯服従し続けることを強いられる。生命という負債を返済することができるのは、生命そのもの、つまり死だけだからである。さらに言えば、封建領主と農民の関係も、農地や安全という借りによって、賦役や納税を義務づける債権・債務関係と見なすことができる。要するに、交換ではなく、相手に負債（借り）を負わせる信用こそが支配・従属関係の本質をなしているのである。

人格《パーソン》－身体の二重化

商品の交換（売買）は、支配・従属関係の外部にある自由な者同士の取引である。賃労働が労働力という商品の売買に基づくものだとすると、労働力商品の売り手（賃労働者）も支配・従属関係から自由でなければならない。マルクスはそのことを次のように述べている。

労働力の所持者が労働力を商品として売るためには、彼は、労働力を自由に処分することができなければならず、したがって彼の労働能力、彼の人格－身体（Person）の自由な所持者でなければならない。労働力の所持者と貨幣所持者とは、市場で出会って互いに対等な商品所持者として関係を結ぶのであり、彼らの違いは、ただ、一方は買い手で他方は売り手だということだけであって、両方とも法律上では平等な人である。*7

労働力の売り手（賃労働者）は、誰にも支配されていないからこそ、自分の労働力を商品として「自由」に処分することができる。労働力の売り手（賃労働者）と買い手（資本）は、「対等」で法律上「平等な人」である。だが、賃労働者が「自由」であり、資本と「対等」で「平等」であるとすれば、労働過程において、資本の命令に全面的に従わねばならないのはなぜだろうか。

右で見たように、交換（売買）自体には支配・従属関係を作りだす力はない。奴隷の売買は、すでにある支配・従属関係を、つまり、主人の奴隷に対する所有権を移転するにすぎなかった。労働力の売買の場合にも、それによって資本と賃労働者の間に支配・従属関係がもたらされるとすれば、前もって支配・従属関係が存在していなければならない。このことを示しているのが、マルクスの「労働力の所持者（Besitzer）」という表現である。

労働力とは人間の労働する能力のことであるが、マルクスはそれを「人格－身体（Person）」に帰着させる。そのことからすれば、「労働力の所持者」という表現は、一七世紀の哲学者ジョン・ロックの「人は誰でも、自分自身の人格－身体（person）に対する所有権（property）をもつ」という有名な宣言の言い換えにすぎないように見える。[*8] しかしながら、ロックの「人格－身体に対する所有権（property）」は、「彼の身体の労働と手の働きとは、彼に固有（proper）なものである」と述べていることからも分かるように、人格－身体（person）はその人の属性－固有性（property）そのものであり、本人からは切り離せないことを意味していた。ロックは人格－身体の「所有権－固有性（property）」、すなわち、譲渡不可能性（不可譲性）を強調することによって、君主の絶対的権力への服従を帰結する王権神授説を批判しようとしたのである。これとは対照的に、マルクスの「所持（Besitz）」は、労働力が、したがって、人格－身体が商品として他人に譲渡されることを予定している。

言うまでもないことだが、商品を売るためには、事前にその商品を「所持」していなければならない。「所持」で結ばれる人間と商品の関係をマルクスは次のように説明する。

> 商品は物であり、したがって、人間に対しては無抵抗である。もし商品が従順でなければ、人間は暴力を用いることができる。言い換えれば、それをつかまえることができる。[*9]

商品が商品所持者に「無抵抗」であるのは、それが生命のない「物」であるからではない。本来、「物」でないはずの人間も、「物」として、アリストテレスのいわゆる「生ある道具」として、商品となりうる。[*10]「もし商品が従順でなければ、人間は暴力を用いることができる」と言うとき、ただの「物」ではなく、奴隷を念頭に置いていることは明らかである。人間の抵抗を暴力で封じ、従順な「生ある道具」にすることを「所持」という概念は含意している。つまり、マルクスの言う「所持」には、主人と奴隷との関係のような支配・従属関係が含まれているのである。

労働力とその所持者との関係も同様に支配・従属関係と捉えることができる。もちろん、労働力がその本人の手元に留まっている間は、それを支配・従属関係と考えることに積極的な意味はない。せいぜい自分の身体を思うように動かせることを意味するにすぎない。しかし、交換（売買）によって、労働力が他人に譲渡されれば、「所持」に支配・従属関係が含まれていることは重要な意味をもってくる。そのことによって、労働力の売り手（賃労働者）の人格－身体を買い手（資本家）の支配下に置くことが可能になるからである。

だが、人格－身体が資本によって支配されるとは一体どういう事態なのか。それは資本の奴隷になってしまうことではないのか。このような疑問に対して、マルクスは次のように答える。

この〔資本家と賃労働者の対等な〕関係の持続は、労働力の所有者がつねにただ一定の時間を限ってのみ労働力を売るということを必要とする。なぜならば、もし彼がそれをひとまとめにして一度に売ってしまうならば、彼は自分自身を売ることになり、彼は自由人から奴隷に、商品所持者から商品になってしまうからである。[*11]

奴隷の売買では、奴隷の人格‐身体は「ひとまとめにして一度に」譲渡される。「ひとまとめ」の意味するところは、奴隷の人格‐身体は買い手に全部譲渡され、売り手にはその奴隷に関するものは何も残らないということである。新しい主人が奴隷をどう扱おうとも、元の主人はそれに口出しすることはできない。これに対して、労働力の売買の場合、賃労働者の人格‐身体のすべてが譲渡されるわけではない。つまり、賃労働者の人格‐身体は、労働力の商品化を通じて、資本に譲渡される部分、すなわち、交換の対象‐客体（object）＝商品と、譲渡されない部分、すなわち、交換の主体（subject）＝商品所持者とに二重化されることになるのである。

労働力の売買における人格‐身体の譲渡の部分性は「ただ一定の時間を限ってのみ」売るという点に、差し当たり、見て取ることができる。賃労働者は「ただ一時的に、一定の期間を限って、彼の労働力を買い手に用立て、その消費にまかせるだけ」であり[*12]、その後の労働力の所有権までは放棄していない。賃労働者が資本家の命令に従うのは雇用期間中だけであり、奴隷のように死ぬまで服従することを義務づけられるわけではない。雇用契約が切れれば、元の「自由」で、資本家と「対等」な人に戻ることができるのである。

しかしながら、人格‐身体の譲渡されない部分が雇用期間の前後に限られるとするならば、賃労働者は、一時的にせよ、その全人格‐身体を奪われ、隷属状態に陥ることになる。そうであるとすれば、賃労働を奴隷制とは異質の自由な制度と見なすためには、雇用期間終了後には自由が回復されるというだけでは未だ十分ではない。雇用期間中にも、人格‐身体の譲渡されない部分、つまり、固有性（property）が残っていると想定されねばならないのである。

2　固有性《プロパティ》の喪失

労働の形式的従属‐包摂

私たちは、雇用契約を結んでも、自由を失ってはいないと漠然と感じている。例えば、プライベートで、何をするか、誰と過ごすか、何を嗜好するか、といったことは、雇用主に干渉されることなく、自分で決められると考えている。もちろん、すべてが自由なわけではない。仕事をサボったり、勤務中に怠けたりすることは許されない。しかし、勤務中であっても、指示された通りに身体を動かしてさえいれば、内心までは問われない。生活のために仕事をしても、魂まで売り渡してはいない、という感覚を労働者が抱くことができるのはこのためである。

賃労働者の人格《パーソン》‐身体のうち、勤務時間中にも、譲渡されない部分とは、労働に関わりのない部分と一先ずは言うことができる。管理にはコストがかかることを考えると、労働に関係のない事柄は賃労働者の自由にさせるというのは、資本側から見ても、十分合理的なことである。しかしながら、人格‐身体を労働に関わる部分と関わらない部分とに截然と切り分けることは困難である。ゆえに、賃労働者の人格－身体のどこまでが資本に譲渡されるか、すなわち、どこまでが資本の支配下に置かれるかを客観的に確定することはできないのである。

この線引きの曖昧さは、資本主義の初期段階においては、労働者側に有利に働くことが少なくなかった。資本主義以前には、共同体と共同体の間の交換を媒介する商人として、労働過程をもっぱら外部から利用していた資本が、労働過程を支配しようとしたときに、先ず採られた形態は「資本の下への労働の形式的従属－包摂」であった。[*13]「資本が、与えられた既存の労働過程を、つまり、例えば、手工業的な労働や、小さな独立な農民経営に対応する農業様式を、自分の下に包摂する」にすぎないこの段階では、[*14]労働者の資本への従属は、未だ形式的なものであって、労働者には資本からの独立性がかなり残されている。この形式的な従属－包摂の典型は、資本が原料等を労働者に前貸しし、出来上がった生産物を手間賃と引き換えに受け取る、いわゆる前貸問屋制（putting-out system）に見ることができる。このシステムの下では、作業場が分散しているため、労働過程を直接監視することはほとんど不可能である。それゆえ、資本側からすれば、この方法には、品質や規格を均一化することが難しく、原料等が横領される恐れがあるという点で問題があった。

工場制の導入によって労働者を一か所に集められるようになったことは、労働者の管理・統制という点では、画期的な前進であった。[*15]資本家（あるいはその代理人）は、労働者を監視して、労働時間を守らせ、怠惰を取り締まり、横領を罰することができるようになったからである。[*16]とはいえ、工場制によって、資本は労働者を形式的にだけでなく実質的にも支配することに直ちに成功したわけではない。熟練が存在することによって、労働者の独立性の解体はしばしば阻害されてきたのである。

工場制が出現して一世紀近く経った一九世紀後半になっても、工場には、内部請負制と呼ばれる、労働者の独立性を大幅に認める制度が存在していた。[*17] 内部請負制とは、熟練労働者が資本と請負契約を結び、その熟練労働者が不熟練労働者を助手として雇い入れるというシステムである。工場内に移設された前貸制とも言うべきこのシステムでは、作業の仕方やペース、労働者の配置などの決定権は、熟練労働者に握られ、資本側がそれに口出しすることはできなかった。内部請負制をはじめとする労働者の間接統制は、利潤極大化のために労働力を可能な限り利用するという資本の目的には合致しないが、労働過程が熟練労働者を不可欠とする限り、許容せざるをえないものであった。なぜなら、高度な熟練を要するほど複雑な労働過程について、資本家が十分な知識をもつことは困難であり、その進行は現場の労働者の手に委ねられざるをえないからである。

もちろん、すべての労働者に独立性が与えられたわけではなく、熟練をあまり必要としない労働過程では、資本の権力は如何なく発揮された。機械もたんに生産力の向上のためだけでなく、熟練を破壊し、労働者の独立性を奪うために導入されたという側面がある。マルクスは、機械の導入が熟練に与えた影響を次のように説明している。

作業道具と一緒に、それを取り扱う手練も労働者から機械に移る。道具の仕事能力は人間労働力の個人的な限界から解放される。こうして、マニュファクチュアのなかでの分業が基づいている技術的基礎が廃棄される。*18

しかしながら、機械化による熟練《スキル》の解体（deskilling）は簡単には進まなかった。機械はいつでもどこでも採用可能なものではないからである。機械の採用がテクノロジーの発展に制約されることは言うまでもないが、仮に技術的に可能であったとしても、じっさいに機械が採用されるためには、機械の導入コストがそれによって代替される労働者の賃金コストよりも低くなければならない。マルクスが言うように、「資本にとっては、機械の使用は、機械の価値と機械によって代わられる労働力の価値との差によって限界を与えられる」のである。*19

また、機械が採用されたとしても、それが熟練の解体につながるとは限らない。機械を生産したり、操作したりするための新たな、しばしば、より高度な、熟練が要請されることがあるからである。マルクスは、「人間の付き添い」を必要とするにすぎない「機械の自動体系」について語っているが、*20少なくとも彼が生きた一九世紀には、それはまったく現実のものではなかった。

労働の実質的従属―包摂

工場制の確立によっても、機械の導入によっても、完全に奪うことができなかった労働者の独立性に対する根源的な挑戦が始まるのは、一九世紀末から二〇世紀初めにかけてのアメリカにおいてである。当時のアメリカの工場でも、内部請負制が支配的であり、そのことから生じる怠業、とくに組織ぐるみの怠業に資本家たちは神経を尖らせていた。機械工の見習いから身を起こして管理者《マネージャー》となったフレデリック・テイラーは、労働者から労働過程の決定権を奪えない原因が労働者の作業内容についての知識を管理者が欠いている点にあると気がついた。テイラーは、この知識の欠如を埋めるために、労働者のしている作業の観察やサンプルを使った実験を粘り強く行った。例えば、金属切削の作業を研究した際には、(1)機械の切削速度をどのくらいにすればよいか、(2)送り《フィード》速度をどう設定すればよいか、という二つの問題を解くのに、テイラーは、実に二六年もの歳月を費やした。[*21] 熟練労働者が経験に基づいて直感的に判断していたこうした問題も、「科学」的に解明しようとすれば、実に一二もの独立変数の影響を詳細に調べ、きわめて複雑な数式を解かなければならなかったのである。

こうした地道な研究を通じて、テイラーは、労働者が遂行すべき標準的な仕事、すなわち、課業《タスク》を確定していった。この課業を基準とすることで、資本家（ないしその代理人）自身が生産計画を立てられるようになり、その結果、作業の仕方やペースに関する決定権を現場の労働者から剝奪することが可能になる。テイラーのいわゆる科学的管理法であるが、それは、形式的なものにすぎなかった資本への労働者の従属を実質化し、資本が利潤を得るために労働力を最大限活用することを可能にするものであったと言える。この科学的管理法は、産業革命にも匹敵する、経営《マネジメント》上の革命であったが、提唱された当時はほとんど普及しなかった。資本家の多くがその有効性を理解できなかったこともあるが、何よりも、それによって独立性を奪われることになる労働者からの激しい反発にあったからである。

テイラーの後を受けて、一九一〇年代に、アメリカの自動車メーカーのフォードが、ベルトコンベヤという強力な武器を携えて、労働者の独立性に再び挑んだ。ベルトコンベヤとは、労働者が労働対象のある場所に移動する代わりに、労働対象を労働者のいる場所に移動させる装置である。この装置によって、フォード・システムでは、労働者が移動したり道具を取り替えたりする時間、マルクスのいわゆる「労働日のなかのすきま」が大幅に圧縮されたが[*22]、労働者の独立性という点から見てより重要であったのは次の二つのことである。第一に、労働過程が徹底的に細分化されたことによって、複雑な労働も単純化され、熟練は基本的に解体された。ベルトコンベヤを用いた生産ラインが滞りなく流れるためには、どの労働者も同じ時間内で作業を終わらせる必要があるが、それには、各工程の難易度が平準化されていることが前提となる。また、第二に、作業のペースがベルトコンベヤの速度に全面的に依存することになり、労働者自身が労働過程を主体的にコントロールすることはできなくなった。フォード・システムの下では、一人の遅れは、コンベヤの停止を通じて、生産ライン全体に波及してしまうために、個々の労働者が違うペースで作業することは許されないのである。

労働過程の適切な分割とベルトコンベヤの最適な速度を知るためには、労働者の行う作業について注意深く研究することが必要である。その意味で、フォード・システムは、テイラーの科学的管理法を徹底化したものであり、「科学」的研究によって、労働者の人格－身体の労働に関わる部分（作業）と関わらない部分（ムダ）を線引きし、前者を最大限活用することを目論むものであったと言える。フォードの工場では、このシステムが導入されると、生産力が劇的に向上し、以前は一四時間要していた自動車一台の組み立てが一時間三三分しかかからなくなったという。

ここで注意すべきなのは、フォード・システムは、労働者の人格－身体のうち、どこまでが労働に関わる部分かを確定しただけでなく、本来は労働に不可欠のものであっても、資本に譲渡し難い部分は、意図的に労働から排除したということである。資本主義の発展に伴って、こうした事態が生じてくることは、実は、『資本論』のなかでも、先取り的に指摘されていた。

生産過程の精神的な諸力が手の労働から分離するということ、そしてこの諸力が労働に対する資本の権力に変わるということは、……機械の基礎の上に築かれた大工業において完成される。[*23]

すでに述べたように、資本の権力は、機械制大工業の確立によって、ただちに完成するわけではないが、それはともかくとして、ここで重要なのは、生産過程の精神的な諸力が手の労働から分離し、それが資本の権力となるというマルクスの指摘である。労働過程について説明した際に述べられているように、労働は「労働者の心像」にあらかじめ設定されている目的に沿って遂行され[*24]、その結果として目的が実現される。引用文で言われている精神的な諸力は労働過程における目的の設定に、手の労働は目的の実現にそれぞれ関わる。確かに、「蜘蛛は、織匠の作業にも似た作業をするし、蜜蜂はその蠟房の構造によって多くの人間の建築師を赤面させる」が[*25]、それがなされるのは本能に基づいてである。対照的に、人間の労働は、いかに簡単なものであったとしても、目的を設定する精神的な諸力を不可欠の要因とする。資本主義の下での労働過程を考える上で、精神的な諸力について特に注目すべきことが二つある。第一に、精神的な諸力による目的設定は当該労働を直接行う労働者以外の人間によっても担われうるということである。この他人による目的設定が強制力に基づいてなされるとき、目的を設定する者と目的を実現する者との関係は支配・従属関係となる。精神的な諸力が手の労働から分離されると、「この諸力が労働に対する資本の権力に変わる」とマルクスが述べているのは、こうした意味である。第二に、精神的な諸力は労働の最終目標(何を作るか)だけでなく、その最終目標に至るまでのプロセス(どう作るか)をも決定しなければならない。前者を他人が指定することにはさしたる困難はないが、後者について労働者以外の人間が適切な判断を行うには、すでに述べたように、労働過程について労働者に劣らないほどの知識を有している必要がある。労働力の売買が、労働者の人格‐身体を資本の支配下に置くことの合意であるとしても、この条件が満たされない限り、作業の仕方やペースの決定は労働者自身の人格‐身体の譲渡されざる部分、すなわち、精神的な諸力に結局は頼らざるをえない。言い換えれば、目的を設定する精神的な諸力は〝何を作るか〟を指定する資本家(ないしその代理人)の精神的な諸力と〝どう作るか〟を決定する労働者自身のそれとに二重化することになる。その場合には、資本の下への労働の従属－包摂は形式的・間接的なものに留まらざるをえず、したがって、労働者の独立性をある程度許容せざるをえない。

労働者の手の労働を資本家（ないしその代理人）の精神的な諸力によって直接指揮することができず、労働者自身の精神的な諸力を通して間接的にコントロールするしかない段階では、資本が利潤を最大化するために労働の強度を限界まで引き上げることは叶わず、それどころか、労働者の怠業に対する懸念を払拭することすらできなかった。ここから、本来、人間の労働を特徴づけるものでありながら、資本に譲渡不可能な労働者の精神的な諸力を労働過程から極力排除したいという資本の要請が当然にも生じてくる。科学的管理法やその発展形であるフォード・システムは、この要請に応えるものであり、そうすることによって、資本の下への労働の従属－包摂を実質化する試みであったと言える。

この実質的な従属－包摂は、少なくとも勤務中については、労働者が自由を完全に奪われ、資本の全面的な支配下に置かれるようになることを意味する。それは、いわば、労働者を考え、ものを言う「生ある道具」から、たんなるものとしての道具に変えることを意図したものである。それが実現されたとき、労働過程の実態は、「互いに独立した人格」という商品交換（売買）の前提と著しく乖離したものになる。テイラーの科学的管理法が「独立」した労働者からの激しい抵抗にあったことはすでに述べた通りだが、フォード・システムも導入された当初は、年間の離職率が四〇〇％

に達するなど、強い拒否感を引き起こした。労働者から精神的な諸力を発揮する余地を奪うこのシステムが受け入れられるようになるためには、日給五ドル——当時の平均賃金の二倍に当たる——という破格の報酬が支払われなければならなかったのである。

労働者の叛乱

フォード・システムに基づく大量生産方式は、第二次世界大戦後になると、自動車産業以外のさまざまな産業で採用されるようになる。このシステムが普及するに当たって重要な役割を演じたのが労働組合である。

これまで見てきたように、資本は、長い期間をかけて、労働者の独立性をもたらす熟練を解体し、労働の従属 - 包摂を実質的なものにするための手段を彫琢してきた。そして、労働者の統制手段が発展するにつれて、労働者の資本に対する立場は次第に弱体化し、労働条件について個別に交渉することは困難になっていった。世界大恐慌後の一九三〇年代には、失業率が極端に悪化したことによって労働者の交渉力はさらに脆弱なものになった。

フランクリン・ローズヴェルト米大統領のニューディール政策の一環として制定された全国産業復興法（NIRA）、さらにはそれが違憲とされたことを受けて制定されたワグナー法は、弱体化した労働者の立場を補強するために、資本がそれまで断固として拒絶してきた団体交渉を法的に認めた。当初の団体交渉は、たんに賃金の引き上げを要求するだけのものでなく、課業《タスク》の設定や新技術の導入に積極的に干渉するなど、労働の従属－包摂の実質化傾向に抵抗することを目指すものであった。ところが、第二次世界大戦後、保守派が勢力を拡大していくなかで、ワグナー法は労働組合の活動を大幅に制限するタフト＝ハートレー法に取って代わられ、団体交渉の範囲も賃金に関することだけに縮小される。言い換えれば、団体交渉は、資本が決めた新技術の導入や労働強化を、労働組合が賃上げと引き換えに追認するための場に変質したのである（いわゆるビジネス・ユニオニズム）[*26]。アメリカ以外の資本主義諸国においても、明示的か暗黙かの違いはあるにせよ、戦後、生産力上昇に賃金上昇を対応させる制度が確立する[*27]。

もちろん、賃上げと言っても、労働過程の再編成によってもたらされる生産力の上昇を完全に打ち消すほどの賃金上昇を資本が許容するはずはない。新生産方法の採用が利潤の拡大につながるためには、賃金は相対的に低く抑えられる必要がある。このような賃金制度がうまく機能するためには、マルクスのいわゆる「産業予備軍」の存在が不可欠である。

> 労働者階級の就業部分の過度労働はその予備軍の隊列を膨張させるが、この予備軍がその競争によって就業部分に加える圧力の増大は、また逆に就業部分に過度労働や資本の命令への屈従を強制するのである。労働者階級の一方の部分が他方の部分の過度労働によって強制的怠惰という罰を加えられるということ、またその逆のことは、個々の資本家の致富手段になり、また同時に、社会的蓄積の進展に対応する規模での産業予備軍の生産を速くする[*28]。

ここで、マルクスは、新生産方法の採用に伴う過度労働が産業予備軍の膨張、すなわち、失業者の増大をもたらすと述べているが、資本蓄積（生産拡大）が生産力の上昇による労働の節約を上回るテンポで進むならば、労働者の「強制的怠惰」（失業）は拡大しない。いわゆる資本主義の「黄金時代」における低失業率が表しているのは、まさにこうした事態である。それにもかかわらず、フォード・システムにおける「過度労働や資本の命令への屈従」を就業労働者に強いることができたのは、失業率に現れない産業予備軍、マルクスの言う「潜在的過剰人口」（農業人口）や「停滞的過剰人口」（家内労働や日雇い労働など）が大量に存在していたからである（加えて、外国からの移民や戦争からの復員も産業予備軍の重要な供給源となった）。こうした数字上に現れないものも含めた産業予備軍は、労働市場の逼迫を緩和し、賃金高騰を抑止することで、「個々の資本家の致富手段」としての役割を果たしていたのである。

もちろん、産業予備軍は無限ではない。資本蓄積が進展し、雇用の拡大が続けば、いずれ産業予備軍のプールは枯渇する。これこそが資本主義の「黄金時代」を終わらせたものであった。とりわけ、アメリカ以上のスピードで経済成長が進んだ西ヨーロッパや日本では、農業人口が急速に減少し、全就業者に占める農業就業者の割合は、一九五〇年から一九七三年にかけて、フランスでは二八・三％から一〇・九％に、ドイツでは二二・二％から七・二％に、日本では四八・三％から一三・四％に激減した。[*29] アメリカはその歴史的特異性ゆえに後発資本主義諸国のなかでは農業就業者の比率が元々低かったが、それでも五〇・六〇年代を通じてその数を減らした。

産業予備軍の効果は労働市場の逼迫を緩和することだけにあるのではない。労働条件について、資本家と個別に交渉することは叶わず、団体交渉も賃金水準を決定する場でしかないとすると、労働条件に不満を抱く労働者が採りうる手段は仕事を辞めることだけになるが、産業予備軍が豊富に存在している場合、辞めた後に代わりの仕事を見つけることは容易ではない。長期間「強制的怠惰」（失業）という罰を受けるリスクを勘案すると、労働者は「過度労働や資本の命令への屈従」を受け容れざるをえなくなる。こうしてみると、失業者をはじめとする産業予備軍の存在は、労働者が自由を手にしたことに伴う代償であるどころか、形の上では自由な労働者を実質的には資本の支配下に置くための装置として機能してきたことが分かる。

しかしながら、一九六〇年代後半に労働予備軍が枯渇したことによって、「強制的怠惰という罰」は効力を失った。その結果、労働組合の交渉力が大幅に強化されただけでなく、協調主義的な労働組合に飽き足らなくなった多くの労働者が、労働の実質的従属－包摂に抵抗するために、山猫的なストライキを頻繁に行うようになる。[*30] こうして、一九六〇年代末に労働者の戦闘性が最高潮に達したことによって、資本主義の「黄金時代」は幕を閉じたのである。

資本の反革命

労働市場の逼迫によって賃金が高騰すると同時に、労働者の抵抗などによって生産力が低下したことによって、一九七〇年代には、資本は大幅な利潤の低下、いわゆる「利潤圧縮（profit squeeze）」を経験することになった。それに加えて、労働市場の変容、すなわち、高等教育を受けたホワイトカラー労働者の出現と、女性労働や移民労働の増加が、旧来の労使闘争に留まらない、新たな社会運動、すなわち、学生運動、フェミニズム運動、マイノリティ運動などを引き起こした。こうしたさまざまな社会運動が世界中で同時に発生し、個別の資本ではなく、資本主義という体制そのものに対し一斉攻撃を仕掛けたのである（いわゆる「一九六八年革命」）。今や資本主義が危機に瀕していることは誰の目にも明らかに見えた。

しかしながら、資本主義の命運は簡単には尽きなかった。資本主義は、自らの構造を劇的に変化させることで、この行き詰まりを乗り超えようとしたのである。この変化の全体像は次章で論じることにして、ここでは、それが労働に与えた影響について見ておくことにしよう。

一九七〇年代になると、フォード・システムのような大量生産型の製造業は、少なくとも「先進」資本主義諸国では、もはや高い利潤率を見込めるものではなくなった。資本は、この事態をもたらした労働者のストライキに対し「資本《キャピタル》のストライキ」で反撃した。[*31] すなわち、賃金高騰と生産力低下による「利潤圧縮」に直面した資本は、再投資を縮小ないし拒否することによって、雇用量を大幅に削減したのである。その結果、失業率が上昇し、産業予備軍のプールが再び形成されたが、それでも利潤率は改善しなかった。そこで、次に採られた手段が工場の国外移転であり、機械による労働者の代替である。それにより、工場などで手の労働に携わる生産労働者は先進国内部では大幅に減少することになった。

テイラー＝フォード主義的な生産方法は、先進資本主義諸国の内部では、利益の上がらないものになったが、その外部では未だ有効であった。豊富な「潜在的過剰人口」や「停滞的過剰人口」を抱える「低開発」諸国では、低廉で御しやすい労働力が容易に手に入ったからである。この国外移転は、マルクスの言う「時間によって空間を絶滅」すること[*32]、すなわち、輸送・通信技術の革新によって促進された側面ももちろんあるが、資本が労働者の統制方法を長年彫琢してきたことによって準備されたという点を見逃すことはできない。すなわち、かつて国内で熟練労働者を女性や移民に置き換えた精神的な諸力の手の労働からの分離が、今度は国外で現地の労働者を用いて生産することを可能にしたのである。国外の工場では、法制度の不備と労働者の無知に付け込んで、過酷な労働を長時間強いるといった、マルクスが一九世紀のイギリスで目の当たりにしたような「苦汁制度（Sweating-System）」がしばしば再現された[*33]。一方、先進国では、工場の国外移転に伴って、工業に従事する生産労働者、とりわけ、熟練度の低い労働者の雇用が著しく減少した[*34]。

先進国内に残った工場では、反抗的な労働者を従順な機械と取り換える過程が進行した。機械による代替によって労働者の抵抗を挫くというのは、一九世紀以来採られてきた資本の常套手段である。歴史的に見ても、機械は、たんに労働力が高価だという理由だけで採用されたのではなく、労働者が資本の支配に従わないからこそ導入されてきた経緯がある。このことをマルクスは次のように指摘している。

……機械は、いつでも賃金労働者を「過剰」にしようとしている優勢な競争者として作用するだけではない。機械は、労働者に敵対する力として、資本によって声高く、また底意をもって、宣言され操作される。機械は資本の専制に反抗する周期的な労働者の反逆、ストライキなどを打ち倒すための最も強力な武器になる。……蒸気機関は初めから「人力」の敵手だったのであり、これによって資本家は、ようやく始まりつつあった工場制度を危機に陥れようとした労働者たちの高まる要求を粉砕することができたのである。ただ労働者暴動に対抗する資本の武器として生まれただけの一八三〇年以来の発明を集めてみても、完全に一つの歴史が書けるであろう。*35

それゆえ、ストライキなどの労働者の敵対的な行動を資本が機械によって粉砕するということは目新しい事態ではないが、このときに導入されたのが、コンピュータによって制御される機械、すなわち、産業用ロボットであったということはそれ以前とは大きく異なる点である。旧来の機械の場合、それを導入することによって労働者を全面的に排除することはできなかった。労働者の行っていた作業を機械が担うようになったとしても、その機械を操作する新たな労働を必要としたからである。機械が労働者と完全に置き換わることができなかったのは、身体-物理的《フィジカル》な面で劣っていたからではない。それどころか、機械は、人間の身体の限界を突破するためにこそ導入されてきたのである。機械に欠けていたのは、目的を実現するための身体《フィジカル》－物理的な能力ではなく、目的を設定し、その実現に至るまでの過程を計算するための精神的《インテレクチュアル》－知的な能力の方である。

本来、機械が得意とするのは、同じ作業の繰り返しである。だからこそ、精神的な諸力を可能な限り分離し、熟練を解体しようとする労働過程の細分化が、機械を導入するための前提ともなりうるのである。だが、いかに単純化された作業といえども、精神的な諸力をまったく要しないわけではない。目的の設定を労働者から引き離し、他人に帰属させたとしても、設定された抽象的な目的を受け止め、それを具体的な作業に変換するための精神的な諸力がなお必要である。また、材料のばらつきや環境の変化などから作業の内容が影響を受けるために、まったく同一の作業というものは実際には存在しない。このため、機械の作動中に生じる種々の問題に対し、その都度、人間が判断を下さなければならないのである。すなわち、目や耳などの感覚器官を通して得た情報を基に、機械の身体《フィジカル》－物理的な動作を適切に調整する精神的《インテレクチュアル》－知的な能力が必要となるのであるが、旧来の機械ではこうした能力までを代替することは難しかった。

一九七〇年代から導入の始まった産業用ロボットは、このような機械の限界を突破するものであったと言える。すなわち、作業を完全に定型化することは困難であるがゆえに、同一作業の反復しかできない機械には人間の関与が不可欠であったが、センサーとコンピュータを備え、自律的に動作できるロボットの登場は、直接的な生産過程から労働者を排除する可能性を切り拓いた。コスト面の制約により直ちには全面化しなかったものの、情報通信技術（ＩＴＣ）の発展に伴うコンピュータの低廉化とインターネットの普及によって、さらには、自ら学習する人工知能（ＡＩ）の出現によって、少なくとも賃金水準の高い先進国の工場では、マルクスが一九世紀に想像した「機械の自動体系」、すなわち、完全オートメーションの実現が現実味を増してきている。

新たな精神労働

フォード・システムは、工場における労働を徹底的に細分化し、単純化した一方で、精神的な諸力の手の労働からの分離を通じて直接生産には携わらない、工場外の事務所《オフィス》で行われる労働を大量に生み出した。すなわち、管理や技術に関わる労働であるが、こうした労働は、精神的な諸力が身体的なそれよりも大きな比重を占めるという意味で、精神労働と呼ばれてきた。

　この精神労働という言い方には二つの点で注意が必要である。第一に、手の労働から精神的な諸力を完全に排除することができなかったのと同様に、精神的な諸力しか要しない労働というものは存在しない。いわゆる精神労働においても、精神的な諸力を表出するための身体の働きは不可欠である。第二に、精神労働が手の労働（肉体労働）よりも複雑で高度であるとは限らない。工場における生産工程が可能な限り細分化され、単純化されてきたのとは対照的に、事務所での作業の分割はあまり進まなかったのは確かであるが、それは分割不可能なほどに精神労働が複雑であるからでは必ずしもない。作業の分割が進むか否かは、作業の同一性と大量性によるところが大きい。事務所では、工場とは異なって、同じ作業が大量に繰り返されることはほとんどない。だからこそ、作業を実行する際に何をすべきかを判断する、精神的な諸力が重要な役割を果たすのである。精神労働と呼ばれる所以であるが、これらの労働のなかには、「AならばX」「BならばY」といった形に作業の流れが定型化可能で、難しい判断を求められないものもある。事務所がある程度大規模化すれば、そうした単純な精神労働だけが切り出され、熟練度の低い労働者（とくに女性労働者）がそれを専業的に担うようになる。こうして、フォード・システムに基づく大量生産方式の普及とともに、精神労働は、高度な専門性を有する、少数の管理職《マネージャー》および技術者《エンジニア》と、文書作成やデータ処理、計算といった単純作業に従事する大量の事務員《クラーク》とに二極化されることになったのである。[*36] 後者は、精神労働と呼ばれてはいても、工場における単純化された手の労働に、労働内容の面でも待遇の面でも、及ばないことが多かった。

「一九六八年革命」に対する資本の反革命は、「先進」資本主義諸国から「低開発」諸国へと生産工程を移したが、その一方で、企業の本社機能は国内に引き続き残った。工場の国外移転によって、先進国では、生産労働者の数が激減したが、管理・技術・事務などに従事する労働者にはその影響は及ばなかったのである。しかしながら、一九八〇年代以降のコンピュータ技術の発展は、工場と同様に、あるいは、それ以上に事務所を一変させた。

事務所における作業の同一性と大量性の欠如は、精神労働の分割を妨げてきただけでなく、機械の導入を著しく困難にしてきた。同一作業の反復しかできないようなタイプの機械は、事務所には不向きであるからである。ところが、プログラムによってさまざまな作業を実行させることのできる、汎用コンピュータが登場したことによって、精神労働が機械によって置き換えられる可能性が生じてきた。とくに、作業の流れ《フロー》をチャート化しうるような定型的な事務労働は、コンピュータによって容易に機械化しうる。もちろん、コンピュータは、単純な事務労働を代替するだけでなく、その一方で、コンピュータを扱うための新たな労働を必要とする。この労働は、形式的で歪なものであるとはいえ、知的能力、とくに、言語能力に大幅に依拠しているという点で、精神労働と呼ばれるに相応しい側面をもっている。しかしながら、コンピュータに関わる労働の拡大が、工場労働者の減少やコンピュータの導入による事務員《クラーク》の削減を相殺するほどの吸収効果をもったとは言い難い。

むしろ、一九七〇年代以降の製造業における雇用の減少の受け皿となったのは、いわゆるサービス業であった。これとよく似た現象は、実は、一九世紀の工場における機械化の進行に際しても見られたのであるが、それをマルクスは次のように描写している。

> ……大工業の諸部面で異常に高められた生産力は、じっさいまた、他のすべての生産部面で内包的にも外延的にも高められた労働力の搾取を伴って、労働者階級のますます大きい部分を不生産的に使用することを可能にし、したがってまたことに昔の家内奴隷を召使とか下女とか従僕とかいうような「僕婢階級」という名でますます大量に再生産することを可能にする。[*37]

マルクスは一八六一年のイングランドおよびウェールズの人口調査を援用しつつ、工場労働者の数は今の「家内奴隷」である「僕婢階級」の数よりも小さいと述べ、「機械の資本主義的利用の成果の何というすばらしさだろう！」と揶揄する。資本主義の発展は、自由な（はずの）賃労働者を減少させ、不自由な家内奴隷（サーバント）を増加させることに帰結したというのである。もっとも、二〇世紀後半の機械化において生み出されてきたサービス労働者は、不生産的な召使（サーバント）ではない。サービス労働者は、家に奉仕（サービス）する召使ではなく、資本によって雇用され、利潤を生みために無形の有用効果（サービス）を生産する賃労働者である。サービス労働者のなかでも、とくに増大したのが、人に直接働き掛ける対面的なサービス（接客やケアなど）を行う労働者である。この対人サービス労働は、知的能力と並ぶ精神的な諸力の柱である感情の動員を（も）求められるという意味で、しばしば感情労働と呼ばれる。

コンピュータを扱う労働も、感情労働も、テイラー＝フォード主義においては、資本による支配を妨げるものであるとして労働過程から極力排除されてきた精神的な諸力が、むしろ中心に据えられているという点で共通した面をもっている。しかしながら、このことは、一九世紀の熟練労働者のように、資本からの一定の独立性を与えられていることを意味するわけではない。むしろ、これらの新たな精神労働では、労働力の売買によっても譲渡されえない人格－身体の固有性《プロパティ》と見なされてきた、知的能力や感情といった精神的な諸力までもが資本の統制下に置かれることになる。かつての手の労働では、身体さえ指示通りに動かしていれば、内心まで問われることはなかった。ところが、新たな精神労働では、内心こそが問題とされるのである。さらに、哲学者のアントニオ・ネグリとマイケル・ハートが指摘しているように、新たな精神労働——ネグリ＝ハートは非物質的労働と呼ぶ——においては、仕事時間と余暇時間との区別が曖昧化する。

工場労働のパラダイムでは、労働者が生産するのはもっぱら工場の労働時間に限られていた。しかし生産の目的が問題の解決やアイディアまたは関係性の創出ということになると、労働時間は生活時間全体にまで拡大する傾向がある。アイディアやイメージはオフィスの机に座っているときばかりでなく、シャワーを浴びたり夢を見ているときにもふと訪れるものだからだ。*38

要するに、新たな精神労働では、労働時間の内外において、つまり、内心と余暇時間の両方に向かって、労働力の売買によって資本に譲渡される部分が際限なく拡大していく傾向が見られるのである。このことは、賃労働者がその固有性《プロパティ》＝属性を失いつつあることを、したがって、かつての呼び名であるサーバントに再び近づきつつあることを意味している。

＊1　ブライアン・R・ミッチェル編、『イギリス歴史統計』、一二四ページ
＊2　ジェリー・トナー、『奴隷のしつけ方』、三三、四八ページ
＊3　グレゴリー・クラーク、『一〇万年の世界経済史』(上)、七九ページ、参照。
＊4　森建資、『雇用関係の生成』、第五章、参照。
＊5　エリック・ウィリアムズ、『資本主義と奴隷制』、八二—八三ページ、参照。
＊6　カール・マルクス、『資本論』(1)、一六一ページ
＊7　『資本論』(1)、二九四ページ
＊8　ジョン・ロック、『統治二論』、三二六ページ
＊9　『資本論』(1)、一五五ページ
＊10　アリストテレス、『政治学』、三八ページ
＊11　『資本論』(1)、二九四ページ
＊12　『資本論』(1)、二九五ページ
＊13　「資本の下への労働の形式的従属—包摂」と後で述べる「実質的従属—包摂」については、『資本論』(3)、一二—一三ページにも簡単な説明があるが、より詳細には、カール・マルクス、『直接的生産過程の諸結果』、七九—一〇九ページを参照
＊14　『直接的生産過程の諸結果』、八二ページ
＊15　フランスの哲学者ミシェル・フーコーは、工場を、監獄と同様の、監視による規律・訓練(discipline)のために発明された装置と見なしている。ミシェル・フーコー、『監獄の誕生』、一七八—一八一ページ、参照。
＊16　スティーヴン・マーグリン、「ボスたちは何をしているか」、一一六—一三八ページ、参照。
＊17　モーリス・ドッブ、『資本主義発展の研究』II、七〇—七一ページ、参照。
＊18　『資本論』(2)、三二六ページ
＊19　『資本論』(2)、二八〇ページ
＊20　『資本論』(2)、二六一ページ
＊21　フレデリック・W・テイラー、『科学的管理法』、一二三—一三一ページ
＊22　『資本論』(2)、一九七ページ
＊23　『資本論』(2)、三三二ページ
＊24　『資本論』(1)、三一二ページ
＊25　『資本論』(1)、三一二ページ
＊26　チャールズ・ウェザーズ、『アメリカの労働組合運動』、二二一—二二六ページ、参照。
＊27　ロベール・ボワイエ、「OECD諸国における資本—労働関係」、三一—三二頁、参照。
＊28　『資本論』(3)、二二六ページ
＊29　Angus Maddison, *Dynamic Forces in Capitalist Development: A Long-run Comparative View*, pp. 248-249、参照。

＊30　アンドルー・グリン、『狂奔する資本主義』、六―七ページ、参照。
＊31　「資本のストライキ（capital strike）」については、Samuel Bowles et al., *Understanding Capitalism*, p. 521ffを参照。
＊32　カール・マルクス『資本論草稿集』②、二一六ページ
＊33　『資本論』(3)、八六ページ
＊34　『狂奔する資本主義』一三〇―一三五ページ、参照。
＊35　『資本論』(2)、三五三―三五四ページ
＊36　一九世紀においては、半経営者的な地位を意味していた「クラーク」という語が、今日では事務員を指すようになったことは、この間の精神労働の変容を雄弁に物語っている。ハリー・ブレイヴァマン、『労働と独占資本』、三一七―三一八ページ、参照。
＊37　『資本論』(2)、三七〇ページ
＊38　アントニオ・ネグリ＝マイケル・ハート、『マルチチュード』（上）、一九〇ページ

第4章

資本のグローバリゼーション

戦後、「黄金時代」を迎えた資本主義は、
1970年代に入ると、一転して深刻な「危機」に陥った。
しかしマルクスの言う「資本主義的私有の最期を告げる鐘」が鳴ることはなく、
むしろここから資本主義の新たな局面が始まったと言える。
この時代には「資本の脱領土化」（特定の領土を越える資本の流れの
爆発的拡大）が顕在化し、それがグローバリゼーションという流行語を生んだ。
その極限における生産過程の全面的なアウトソーシングによって
資本は実在する感覚的な身体をもたない「幽霊」となるが、
それはむしろ資本が「純粋」性を取り戻したとも言えるのである。

1　脱領土化・再領土化・再脱領土化

資本の世界性《グローバル》

資本主義は、第二次世界大戦後の一九五〇・六〇年代には「黄金時代」と呼ばれる繁栄を享受したが、一九七〇年代に入ると、一転して深刻な「危機」に陥った。しかし、この「資本主義の危機」によって「資本主義的私有の最期を告げる鐘」が鳴ることはなかった。[*1] いわゆる「一九六八年革命」が帰結したのは資本主義そのものの終焉ではなく、資本主義の新たな局面の始まりであった。現在に至るまで続くこの新局面の最も目につく特徴は特定の領土《テリトリー》を越える資本の流れ《フロー》の爆発的拡大、すなわち、資本の脱領土化であり、それはグローバリゼーションという流行語《バズワード》を生み出した。[*2]

グローバリゼーションと今日呼ばれている傾向は、資本の流通過程における脱領土化、すなわち、国際貿易の急増という形を取って最初に現れた。世界大恐慌後の金本位制の崩壊と世界経済のブロック化によって極端に縮小していた国際貿易は、第二次世界大戦後、ブレトンウッズ体制の下で着実に回復してきたものの、それが急激な拡大を見せるのは、一九七〇年代以降である。また、資本の流通過程における脱領土化と並行して、生産過程における脱領土化も進展した。すなわち、海外直接投資による資本の多国籍化であるが、それはまず、アメリカ資本によって先鞭をつけられ、やがてアメリカ以外の先進資本主義諸国の資本も海外に生産拠点を置くようになり、多国籍企業が世界経済のなかで大きな比重を占めるようになった。[*3] さらに、一九八〇年代になると、金融市場がグローバルに統合され、国境を跨いだ株式や債券の取引、すなわち、証券投資が爆発的に増加した。このように、さまざまな形態の資本の脱領土化が進んだことの背景には、陸海空の運輸技術の発展に加えて、情報通信技術（ICT）の革新があったことは言うまでもない。

もっとも、このような事態は必ずしも新しいものではないという指摘もある。例えば、イギリスの社会学者のポール・ハーストらは「一九一四年以前の国際経済は、多くの面で、一九九〇年代末までのいかなる時期と比べても開放的であった。工業化が急速に進む国々の間の、また、そうした国と様々な植民地圏との間の、国際貿易と資本移動《フロー》は、対GDP比で見た場合には、第一次世界大戦前の方が、今日よりもおそらく重要であった」と述べている。[*4]

さらに、マルクスが言うように「世界貿易と世界市場」が一六世紀に「資本の近代的生活史」を開いたのだとすると、[*5] 資本は初めからグローバルな性格をもっていたことになる。すでに見たように、資本の「大洪水以前的な姿」である商人（商人資本）は、[*6] 国家（権力）から「逸れ」た存在であり、国家間の交易の「媒介者」であった。こうした商人の活動範囲が特定の領土内に縛られないのはむしろ当然のことである。それどころか、場所的な価格差を利用して利潤を獲得することを考えれば、商人が結ぶ地点の隔たりは大きければ大きいほどよいことになる。交通機関が未発達な段階では、商人のもつ輸送・通信上の優位性は遠隔地交易においてこそ最もよく発揮されるからである。

ところが、一九世紀に入り、資本が流通過程（交易）だけでなく生産過程をも内包するようになると、資本の脱領土化傾向は大きな制約を受けることになった。生産には一定の領土内に立地すること、すなわち、再領土化が必然的に伴うからである。さらに流通過程に関しても、生産活動が資本によって営まれるようになると、多くの商品が国境を越えることなく、国内で取引されるようになる。産業資本によって雇用された大量の賃労働者が生活物資を手に入れるための一大市場が国内に形成されるからである。資本は国家（権力）から「逸れ」、脱領土化しようとする傾向を本来的にもっていると言ってよいが、資本主義的生産様式が一社会を支配するようになるには、この傾向が相対化され、資本の流れ《フロー》が再領土化されなければならない。ドゥルーズ＝ガタリの言を借りれば、「世界資本主義の計り知れない相対的脱領土化は、近代的な民族国家の上でおのれを再領土化する必要がある」のである。*7

もっとも、資本の流れ《フロー》が再領土化されることによって、その脱領土化傾向は完全に失われるわけではない。資本主義は外部から切り離された自立的なシステムではない。じっさい、最初に資本主義が確立した一九世紀半ばのイギリスにおいても、基軸産業である綿工業は、原料（綿花）の供給源としての外国（とくにアメリカ）を必要とした。また、後に見るように、資本蓄積が進むにつれて恐慌として現れる国内的な「制限」を克服するために、販路としての世界市場を拡張することがますます重要になってくる。資本は、再領土化の後も、「交易すなわち交換のあらゆる場所的制限を取り払って、地球全体を自己の市場として獲得しよう」とする脱領土化傾向を保持し続ける。*8それと同時に、資本は「時間によって空間を絶滅しようと、すなわちある場所から他の場所への移動に要する時間を最小限に引き下げよう」とも努める。資本主義において、運輸技術や情報通信技術の革新《イノベーション》が不断に生じてきたのはこのためである。[*9]

再領土化と再ストック化

資本の流れ《フロー》が再領土化されるということは、資本がストック的な性格を帯びるようになることを意味する。資本とは、土地（領土）から生み出された余剰がその場で貯蔵《ストック》されることなく、特定の土地から離れてさまざまな場所を移動しつつ、その形態を不断に変化させることによって自らを維持 - 増殖する運動である。したがって、資本は世界的《グローバル》であるばかりでなく流動的《フロー》であることも本性としている。ところが、生産過程に資本が投下されるようになると、その流動《フロー》性は著しく制約されることになる。生産手段、すなわち、労働手段（道具・機械など）や労働対象（原料など）に支出された資本（マルクスのいわゆる不変資本）は、生産が完了するまでは回収することができない。その上、労働手段のうちには、「長もちすればするほど、その損耗がおそければおそいほど、それだけ長く不変資本価値がこの使用形態に固定されている」固定資本と呼ばれるものがある。[*10]このような固定資本は、産業の中心が軽工業から重工業にシフトしてゆくにつれて肥大化し、その耐用期間も長期化することになる。その結果、貯え《ストック》を流動化《フロー》したものであるはずの資本の無視しえない部分が、特定の形態に長期間固定され、言わば再ストック化されることになるのである。

資本は生産過程を包摂するためには生産手段に加えて労働力を市場で手に入れなければならない

が、この労働力の購買によっても資本の流動性《フロー》は損なわれる。労働力に支出された資本も、不変資本と同様、生産物が完成するまで回収されえない。もっとも、不変資本との間には重要な違いもある。不変資本は、生産過程の前でも、さらには生産過程の途中でも、価値をもつ資産、すなわち、ストックであるが、労働力は生産過程に入らなければ無価値である。固定資本が減価償却という形で徐々にゼロへ向かっていくのとは対照的に、労働力はゼロから始まり、潜在的《ポテンシャル》な能力を顕在化させることによって、新たな価値を生み出していかなければならない。労働力に支出された資本が可変資本（つまり価値が変わりうる資本）と呼ばれる所以であるが、この資本部分は不変資本のようなストックではないとしても、同様に資本の流れ《フロー》を押し留める効果をもつ。そして、この効果は雇用が長期的なものになればなるほど強まることになる。

生産過程に投下された資本は、回収されるまでに時間がかかり、その間は、形態変換が妨げられる。このような流動性《フロー》の低下を資本が甘受するのは、それによって投下された元本を上回るリターンが期待できるからである。回収に時間がかかり、元本以上のリターンが得られるという点で、生産過程への資本の投下には貨幣の貸付と似た側面がある。実際、一八世紀フランスの重農主義者フランソワ・ケネーは、農業生産における資本の投下を「前貸（avance）」と呼び、それによって得られる利得を「利子」と呼んでいる。*11 マルクスもまたケネーを踏襲してしばしば資本の投下を「前貸」と表現している。とはいえ、資本の投下は貨幣の貸付と同じではない。貨幣の貸付は貸し手と借り手の間に債権・債務関係を作り出すが、「前貸」の場合には、借り手は存在しない。生産手段の売り手は、取引が終われば、買い手に対し何の債務も負ってはいない。それは債務者にではなく、言わば、「生産過程そのものに前貸しされている」のである。[*12] もっとも、可変資本については、「前貸」によって文字通り債権・債務関係が作り出されているように思われるかもしれない。つまり、賃金を前もって渡すことによって労働者に債務（借り）を負わせ、それを労働によって返済させる契約を結んでいると捉えることが可能であるように見える。しかし、このように考えると、賃金が労働の前に支払われる場合と（より一般的な）後に支払われる場合とでは、前貸（資本の投下）の意味が根本的に変わってしまうことになる。つまり、賃金が前払いであれば、資本が前貸しし労働者が債務を負うが、後払いであれば、労働者が前貸をして資本が債務を負うことになってしまう。マルクスが言うように、「資本家が生産過程の目的のために支払う価値はすべて資本家にとっては前貸しされているのであって、この支払が前になされようと後からなされようとそれに変わりはない」のだとすると、[*13] 可変資本についても、資本の投下を貨幣の貸付と同一視するというのはやはり無理がある。また、そもそも、賃金の支払いが債権・債務関係を作り出すのであれば、賃労働者は債務奴隷と本質的に変わらないことになるが、前章で見たように、市場においては、労働力の売り手（賃労働者）がその買い手（資本）と「対等な商品所持者」として関係を結ぶとされなければならない。[*14] たとえ、賃労働者の置かれている状態が、どれほどサーバント（奴隷）に近づこうとも、そうなのである。

産業資本の条件

資本の投下は、貯蔵《ストック》に頼ることなく余剰を維持する方法である。余剰の維持は、二つの観点から考慮される必要がある。第一に、使用上の価値、すなわち、使用価値という観点である。使用価値とは「ものの有用性」あるいはそうした有用性をもつものそれ自体を指す。*15 使用価値は消費することによって失われるか、少なくとも低下する。消費を上回る余剰を貯《ストッ》えとして維持しようとする場合、その耐久性が問題になる。耐久性の劣るものは、消費されなくても、時間の経過とともに使用価値が低下ないし消滅する。つまり、浪費されることになるである。それゆえ、余剰を貯蔵《ストック》するためには、耐久性のあるものに取り換えられなければならない。このような耐久性のあるもの典型が金銀であり、それをマルクスは重商主義に倣って財宝＝「蓄蔵貨幣（Schatz）」と呼んだのであった。もっとも、貨幣が使用価値の面では「紙魚にも錆にもおかされない永遠の財宝」であるとしても、*16 価値というもう一つの側面から見れば変動を免れない。蓄蔵《ストック》された貨幣は、使用価値としては変わらないとしても、価値としては低下することがありうるのである。対照的に、資本の「大洪水以前的な姿」である商人は、特定の使用価値に固執するのではなく、（貨幣を含めた）多様な使用価値を在庫として抱え、それらを次々と入れ替えることによって価値を維持するばかりか、殖やしさえする。「価値はここでは一つの過程の主体になるのであって、この過程のなかで絶えず貨幣と商品とに形態を変換しながらその大きさそのものを変え、原価値としての自分自身から剰余価値としての自分を突き放し、自分自身を増殖する」のである。*17

ところが、生産過程に資本が投下されるようになると、価値の形態変換の有様は一変する。生産のために購入された商品は、商人資本の場合のようにそのまま転売されるのではなく、生産手段として消費される。消費によって生産手段の使用価値は失われるが、「生産手段の価値は、生産物に移転されることによって、保存される」[*18]。つまり、ただ消費されるわけではなく、生産的に消費されるのである。このように、価値の形態変換が転売ではなく、生産（的消費）を通じて行われるようになると、資本本来の流動性《フロー》も大きく限定されることになる。生産を行う資本（産業資本）においては、生産期間中に「資本が生産部面に拘束されている」ことは言うまでもないが[*19]、労働手段の一部が固定資本として一生産期間を超えて使用されるようになると、固定資本だけでなくそのほかの資本部分も長期間使途を限定されることになる。例えば、綿糸紡績機を一旦購入すると、それが償却されるまで、綿花をはじめとする綿糸用の生産手段を買い続けなければならず、紡績労働者を雇用し続けなければならない。とりわけ、固定資本の操作に特殊な熟練が必要な場合には、雇用期間は長くなる傾向がある。熟練の形成には時間と費用がかかるため、熟練を身につけた労働者を資本は簡単には手放そうとしないからである。

場所の隔たりから生じる価格のばらつきや時間を通じた価格の変動を注意深く観察《スペキュレート》しながら安く買って高く売る投機《スペキュレーション》を抜け目なく行う商人資本にとっては、状況の変化にいつでも柔軟に対応できるようにしておくために、資本を流動《フロー》状態に保ち続けることが肝要である。こうした商人的観点からすれば、生産過程に資本を投下して流動性《フロー》を低下させることは、利殖のチャンスをみすみす見逃すことに等しい。資本がこのような行動をあえて選択するからには、生産を通じて価値を殖やすことができるというある程度確実な見込みがなければならない。産業資本の利潤は、生産物の売上高と生産のためのコスト――正確に言えば、流通にもコストがかかるが、ここでは一先ず措く――の差額からもたらされる。この差額は、商人資本の場合と同様に、生産手段を安く買うことや生産物を高く売ることによっても生じうるが、こうした要因は偶然に左右される――だからこそ商人にとっては資本の流動性《フロー》が死活問題となる――し、産業資本に特有のものとは言い難い。より確実で、産業資本に独自の利潤源泉は、労働力の特殊な性格に潜んでいる。

労働者に支払われる賃金は労働力という商品の価値を表すが、その使用価値である労働はそれよりも大きな価値を生み出すことができる。もっとも、それが実際に可能となるためには、一定程度の生産力の高さが必要である。[*20] 生産とは、生産手段を投入して生産物を産出するプロセスである。このプロセスが生産的と言えるためには、産出が投入を上回っていなければならない。例えば、一トンの米を投入して三トンの米を産出するプロセスは生産と呼ばれる。両者の差（例では二トンの米）を経済学では純生産物と呼ぶが、産業資本が生産を通じて安定的に利潤を獲得するためには、純生産物の存在が前提となる。しかしながら、プラスの純生産物が存在しているだけでは十分ではない。純生産物のすべて（を購入できる賃金）を労働者に渡さなければならないとすると、産業資本が純生産物から利潤を得る余地はなくなる。したがって、労働者が賃金によって得る生活手段（マルクスのいわゆる必要生産物）が純生産物よりも少ないこと（米の例では二トン未満）が産業資本が利潤を得るための条件となる。[*21]

産業資本の利潤を増進させる最も単純な方法は、生産量を拡大することである。生産量が拡大すると、その分――生産力が変わらなければ――生産手段に費やされる不変資本は増えるが、労働力に費やされる可変資本は必ずしも増大しない。労働時間が、例えば、一・五倍になったからといって、賃労働者が一・五倍の生活手段を消費するようになるわけではないからである。このように労働者が消費する生活手段とその労働者が従事できる労働時間の間には本源的な弾力性があるために、賃金がそのままでも労働時間を延長することができるのである（マルクスのいわゆる絶対的剰余価値の生産）。もちろん、労働力の「買い手としての自分の権利」を主張する資本が「労働日をできるだけ延長してできれば一労働日を二労働日にでもしようとする」一方で、「売り手としての自分の権利」を主張する賃労働者は、「労働日を一定の正常な長さに制限しようとする」に違いない。[*22]つまり、労働時間を巡っては資本と賃労働者の間で「二律背反（Antinomie）」が生じるのであり、最終的には「力（Gewalt）がことを決する」。[*23]資本側からすれば、賃金をできるだけ低くして、労働時間をできるだけ長くすること、つまり、賃金率（時間当たりの賃金）を抑制することが当然利益となるが、それを可能にするだけの力（Gewalt/power）を資本がもつためには、産業予備軍が大量に存在している必要がある。前章でも見たように、産業予備軍が「その競争によって就業部分に加える圧力の増大は、また逆に就業部分に過度労働や資本の命令への屈従を強制する」からである。[*24]産業予備軍が大量に存在している場合、「強制的怠惰」（失業）への恐れから「過度労働」と「資本の命令への屈従」を甘受せざるをえなくなる。逆に言えば、産業予備軍のプールが元々存在していないか、資本蓄積（生産拡大）の進展によってそれが汲み尽されてしまった場合には、生産過程に資本を投資することによって利潤が確実に獲得できるという見通しは立たなくなる。

制限と限界

二度の囲い込み《エンクロージャ》や人口増加を通じて創出された大量の産業予備軍と、産業革命と呼ばれる生産力の飛躍的向上によって、イギリスでは、生産過程への資本の投下が可能になるような条件がいち早く出揃い、一九世紀に入る頃には、資本・賃労働関係に基づく資本主義的生産様式が支配的なものとなった。

「資本主義的生産様式が支配している社会」では、[*25] 資本の蓄積を通じて生産規模が拡大し、経済成長がもたらされる。しかしながら、資本蓄積はつねに円滑に進むわけではない。資本主義には、資本蓄積が順調に進行し、生産が拡張していく時期、すなわち、好況と、資本蓄積が停滞する時期、すなわち、不況とが交互に現れる。また、好況から不況へと移行する際には、急激な収縮、すなわち、激発性の恐慌がしばしば発生する。このように好況↓恐慌↓不況↓好況……と反復される過程を景気循環と呼ぶ。資本主義の確立したイギリスでは、一八二五年に最初の産業恐慌が起こる。その後、一八六六年まで、ほぼ一〇年間隔で恐慌が繰り返し発生した。

一九世紀半ばのイギリスで見られた周期的恐慌を根底のところで規定していたのは、労働市場の需給状況である。[*26] 資本蓄積は一般に雇用の拡大を伴うから、好況が持続するためには労働市場から追加の労働力を調達することが可能でなければならない。好況下で資本蓄積がますます進み、産業予備軍のプールが汲み尽くされるところまで行き着くと、労働市場の逼迫から賃金は急騰し、産業資本の利潤源泉も枯渇することになる。マルクスが「資本の絶対的過剰生産」と呼んだ事態であるが、[*27] こうして発生する「恐慌《クライシス》」は、しかし、言葉の真の意味での「危機《クライシス》」ではない。恐慌は資本蓄積の停滞をもたらしはするが、不況期の労働力の排出による産業予備軍の再形成と新技術の採用や合理化による生産力の上昇を通じて蓄積のための条件が整えば、不況は終わりを告げ、新たな好況期を迎えることになるからである。マルクスの言葉を使って別言すれば、恐慌とは、資本主義にとっての絶対的な「限界（Grenze）」ではなく、克服可能な「制限（Schranke）」であるにすぎない。たとえ、「それ〔制限〕を克服する手段は、この制限をまた新たにしかもいっそう強大な規模で自分に加えるものでしかない」としても、[*28] つまり、恐慌の克服は次の恐慌を準備するだけだとしても、そうなのである。

イギリスにおいて、一八二五年から六六年までほぼ一〇年周期で恐慌が規則的に起きたことは、こうした景気循環のメカニズムが曲がりなりにも機能していたことを示している。ところが、それまでの周期からするとやや早めの一八七三年に発生した恐慌は、二三年にもわたる長期的な不況をもたらした。いわゆる「大不況」であるが、この時期にはかつてのように恐慌後数年で不景気が底を打ち、力強い回復に向かうといった明確な景気のサイクルは見られなかった。一八七三年恐慌は、それまでの周期的恐慌のような「攪乱された均衡を一瞬間回復する暴力的な爆発」とはおよそ言い難いものであった。*29

イギリスが大不況に陥った背景にはさまざまな要因があるが、ここではとくに重要と思われる二つの点を指摘しておこう。第一に、産業構造が変化したことによって、生産力上昇の勢いが失われたことである。機械化の進展と鉄道業の発達に伴い、鉄製品に対する需要が高まり、一九世紀後半には、世界資本主義における基軸産業は綿工業から鉄鋼業にシフトした。もちろん、鉄鋼業においてもかつての綿工業と同様に、あるいはそれ以上に画期的な発明が次々と現れた。しかしながら、鉄鋼業では綿工業に比べて遥かに巨額の固定資本投資が必要であり、その償却期間も長期化する。イギリスの鉄鋼業は他国に先んじて発展したが、その先行性ゆえに初期の古い固定資本を大量に抱えることになり、生産力の大幅な上昇を伴うような新技術を積極的に採用することができなかった。その結果、後発のドイツやアメリカの鉄鋼業に遅れを取ることになったのである。

第二に挙げられるのは、労働市場の変化である。機械の普及は必ずしも労働の全面的な単純化をもたらさず、一部の労働者にはむしろ高度な熟練を要請することになったために、労働者の「力（Gewalt）」が強まった。熟練労働者は内部請負制（craft control）によって労働過程を実質的に支配するとともに、労働組合（craft union）を結成して不況下でも簡単には賃下げに応じようとしなかった。制度面でも、労働時間を制限する工場法が制定され、資本が労働者に長時間労働を強いることは難しくなった。また、資本主義が確立した時点ですでに、他のヨーロッパ諸国と比べて遥かに少なかった農業人口（比率）が一九世紀を通じてさらに減少し、労働市場の緩衝材（「潜在的過剰人口」）としての役割をほとんど果たさなくなった。要するに、一九世紀末のイギリスでは、労働予備軍の存在を「過度労働」と低賃金に結びつけることができなくなっていたのである。

生産力の上昇と賃金率の抑制、一九世紀半ばのイギリス資本主義を支えていたこの二つの要因が失われたことによって、資本の生産過程への投下は、確実に利潤が見込めるものから、利潤どころか投資元本すら回収できないかもしれないリスキーなものへと一変した。このように不確実な環境の下では、資本が再領土化・再ストック化され、その流動性《フロー》が制約されていることのマイナス面が如実に現れる。とくに鉄鋼業のように資本の一部がかなりの長期にわたって生産部面に固定されるような産業で革新的な技術進歩が起きた場合には、未償却の古い固定資本（とそれに対応した高賃金の熟練労働者）を抱え続ける資本は、新技術の採用に成功した（しばしば外国の）資本との不利な競争を強いられる。その結果として生じる利潤率の低落傾向が、資本家の不安を掻き立て、生産過程に投資する意欲を著しく減退させることになるのである。

一九世紀最後の四半世紀にイギリスで起きたのは、まさにこうした事態であった。不況が終息する兆しも見せずに慢性化していくなかで、一八七三年の恐慌が以前のような克服可能な「制限（Schranke）」などではなく、イギリスで行われてきた資本蓄積が致命的な「限界（Grenze）」に突き当たったことの現れであることが次第に明らかになっていったのである。

脱領土化傾向の再現

一九世紀末にイギリスの資本蓄積が「限界」に直面すると、それまで相対化されていた資本の脱領土化傾向が再び前景化してくることになった。この事態は、マルクスがかつて『資本論』の草稿のなかで提示していた次の命題を彷彿させる。

世界市場をつくりだそうとする傾向は、直接に、資本そのものの概念のうちに与えられている。どんな限界（Grenze）も、克服されるべき制限（Schranke）として現れる。まず何よりも、生産そのもののあらゆる契機を交換に従属させ、交換に入らない直接的な使用価値の生産を解消させようとすること、すなわち、資本に基づく生産を、資本の立場からすれば自然生的な、それ以前の生産諸様式に代置しようとすること。*30

一八五七年恐慌の只中で書かれたこの文章が「大不況」を念頭に置いているわけではもちろんない。一九世紀半ばにおけるイギリス資本主義は、周期的に発生する恐慌を「制限」として克服していったのであるが、このような景気循環メカニズムが一国レヴェルで完結するとはマルクスは考えなかった。イギリスの資本蓄積が「限界」に達することなく――好不況の波があるとはいえ、傾向的には――進展していくためには、イギリス国内だけでなく、国外においても市場が拡大することが必要である。つまり、国外の「自然生的な」生産諸様式を多かれ少なかれ解体しつつ、世界市場に引き込むことがイギリス資本主義が持続的に発展するためには不可欠である、マルクスはこう考えた。[*31]

イギリス国内の資本蓄積にとっての外国貿易の必要性を述べたこの命題は、しかし、「大不況」という文脈に置けば、まったく別の意味をもってくる。実際、一九世紀半ばには驚異的な伸びを記録したイギリスの輸出は、「大不況」期には、一転して横ばい状態となった。この時期、輸出の拡大が資本蓄積を促進することはなかったし、また、イギリス資本は外国のライヴァルを世界市場で圧倒できるだけの優位性をもはや有してはいなかった。このことは、当時のイギリスの資本蓄積が、国内の要因によっても国外の要因によっても克服されえない絶対的な「限界」、すなわち、「危機《クライシス》」に突き当たっていたことを意味している。

その結果、この時期における資本の再脱領土化は、国内の資本蓄積を後押しする外国貿易の拡大としてではなく、国内の資本蓄積の停滞に伴う海外投資の拡大として現れた。すなわち、イギリス国内の投資環境の悪化によって生じた過剰資本が有利な運用先を求めて海外に投じられたのである。「大不況」が始まったばかりの一八八三年に没したマルクスは外国投資の急増をはっきりと認識することはできなかったが、このことはレーニンやルドルフ・ヒルファディングといったマルクスの後継者たちの注意を引かずにはいなかった。例えば、レーニンは、適切にも、一九世紀半ばの「在来の資本主義」を「商品の輸出」によって、「大不況」期以降の「最新型の資本主義」を「資本の輸出」、すなわち、海外投資によって、それぞれ特徴づけている。[*32] その上で、国内で生じた過剰資本が海外に向かう理由を次のように説明する。

過剰資本は、利益を拡大する方向に振り向けられる。それは、後進国に対する資本輸出を通じて行われる。これらの後進国では通常、収益率が高い。なぜなら、資本が少なく、土地が値ごろで、賃金が低く、原材料価格が安いからである。[*33]

イギリスのような先進国で高い利潤率が見込めなくなると、資本は国内の生産過程から引き上げられ、高収益が期待できる後進国へと振り向けられた。ここで注意すべきなのは、イギリスから海外に向かった資本の多くは、生産過程に直接投下されたわけではないということである。この時期の外国投資の大部分は、株式をはじめとする証券に対するものであった。

株式とは、複数の出資者から成る株式会社において、各々の出資持分を示す証券のことである。株式会社の歴史は、一七世紀にオランダやイギリスが設立した東インド会社にまで遡るが、古い時代の株式会社は国王の特許状による認可を必要とし、またその目的も公共性の高いものに限定されていた。今日のような形態の株式会社が現れるのは一九世紀半ば以降であり、とりわけ、「大不況」期には、イギリスだけでなく、ドイツやアメリカでも（イギリス以上に）株式会社制度が急速に普及した。

マルクスがいち早く指摘していたように、株式会社の利点は、「生産規模の非常な拡張」が可能となることであり、それにより、「個人資本には不可能だった企業」、すなわち、巨大株式会社《ジャイアント・コーポレーション》が出現した。*34 個人資本（家）やパートナーシップ経営とは異なって、株式会社では多数の出資者から資金を募ることができるからである。ゆえに、株式会社制度は、巨額の固定資本投資が必要となる鉄道業でまず採用され、その後、鉄鋼業をはじめとする重工業で広範に用いられた。このような重厚長大型の産業においては、投資する側から見た場合、株式が証券化されていて容易に売却できること、すなわち、株式市場が存在していることがとくに重要である。株式市場が十分な発展を遂げているところでは、鉄道業や鉄鋼業のようなストック性がきわめて高い産業に投資したとしても、資本の流動性《フロー》を失わずに済むからである。同じことは、債権・債務関係の証券化されたものである債券（公債・社債）についても当てはまる。債権・債務関係は、本来、特定の相手と長期持続的に取り結ばれるものであるが、市場で売買可能な証券という形態を取ることによって流動化《フロー》されうる。つまり、海外投資が株式や債券といった証券に対する投資として行われたということは、たんに高い収益が期待できるだけでなく、不測の事態に備えて資本を流動的《フロー》な状態に保ち続けるという意味があったのである。

いる。

2 グローバリゼーションの帰結

流動性《フロー》の回復

イタリア出身の社会学者ジョヴァンニ・アリギは、適切にも、一九世紀から二〇世紀にかけての海外投資の拡大に見られたような資本の再脱領土化を資本の流動性の回復という観点から説明している。

……マルクスの〔資本の一般的〕定式〔G―W―G'〕が示しているのは、資本主義的主体は、柔軟性と選択の自由の完全な喪失を伴うような、特定の組み合わせの投入＝産出関係への資本の投下をそれ自体として目的としているわけではないということである。むしろ、彼らは、将来のどこかの時点で、もっと大きい柔軟性と選択の自由を獲得するという目的に向けての手段として、そうするのである。さらにマルクスの定式が示しているのは、もしも資本主義的主体の側に彼らの選択が増えるという期待がない場合や、そういう期待が体系的に満たされない場合には、資本は投資の柔軟な形態、とりわけ貨幣の形態に立ち戻る傾向が強いということである。つまり、資本主義的主体は、流動性を「選好」する。[*35]

「特定の組み合わせの投入＝産出関係」に資本を投下する、とりわけ、固定《ストック》的な生産過程に投資するということは、「柔軟性と選択の自由」を失うことであり、したがって、それによって将来「もっと大きい柔軟性と選択の自由」、すなわち、利潤が獲得できるという期待がもてなければ、資本は特定の領土に縛られていることを嫌い、そこから離脱してより柔軟で流動《フロー》的な形態に立ち戻ろうとする。アリギは、このような資本の流動《フロー》的な形態への回帰の大量発生は国際システムにおける既存のヘゲモニーが終焉しつつあることを示していると主張する。じっさい、「大不況」期以降の海外投資の拡大は、事後的に見れば、イギリスのヘゲモニーが終わる前触れをなしていた。それだけではない。アリギによれば、一九七〇年代以降のグローバリゼーションも同様にアメリカのヘゲモニーの終焉を予兆しているというのである。

一九世紀最期の四半世紀の「大不況」と一九七〇年代の「資本主義の危機」には確かに共通する面がある。いずれの場合にも、先行する時期の高成長によって賃金の高騰がもたらされた上に、生産力の伸びが頭打ちになったことで、利潤率は低迷し、資本の蓄積にブレーキがかけられた。再領土化と再ストック化に基づく蓄積の「限界」に直面した資本は、自らを特定の領土《テリトリー》から解放することによって、本来の流動《フロー》性を回復しようとしたのである。

もっとも、今日のグローバリゼーションは、一九世紀末に見られた資本の脱領土化傾向のたんなる反復ではない。一九七〇年代のアメリカの産業資本も賃金の高騰と生産力上昇の鈍化による「利潤圧縮」に直面したが、「大不況」期のイギリス資本のように生産過程から直ちに手を引くのではなく、生産過程を脱領土化させることによってこれに対処しようとした。すなわち、より従順でコストのかからない労働力を求めて生産過程（の一部）を海外に移転したのである。同様に「利潤圧縮」に陥った西ヨーロッパ諸国や日本の資本も挙ってこの戦略を採用したために、世界全体の海外直接投資が劇的に増加することになったのである。

「大不況」期におけるイギリスの証券投資の拡大は貿易（輸出）の停滞を伴ったが、一九七〇年代の「資本主義の危機」以降の先進資本主義諸国の海外直接投資はむしろ貿易を促進した。生産過程を国境を越えて展開する資本、いわゆる多国籍企業が発達したことによって、本国の親会社と外国の子会社との間の企業内貿易が急激に増大したからである。この企業内貿易は、異なる企業間で行われる通常の貿易と同じではない。一般に、国際貿易は、国と国との間に分業関係を打ち立てるが、それはマルクスのいわゆる「社会のなかでの分業」が国の枠を越えて拡張されたものと見なすことができる。[*36] 一方、多国籍企業による生産過程のグローバリゼーションは、「一つの作業場のなかでの分業」を空間的に分離して配置するものと言えよう。「社会のなかでの分業」、すなわち、社会的分業では、「それぞれの独立した労働」が「それぞれの生産物の商品としての定在」によって結ばれるが、作業場内分業では、「部分労働者は商品を生産しない」、したがって、「何人もの部分労働者の共同の生産物がはじめて商品になる」のである。[*37] それゆえ、企業内貿易は、「無政府《アナーキー》」的な市場における売買としてなされるのではなく、作業場内の生産ラインを半製品が完成に向かって動いていくように、多国籍企業の「専制」の下で行われることになる。[*38] 本来、「生産手段の集積」を前提とする作業場内分業がこのように空間的に分散することを可能にしたものが、時間による空間の絶滅を追求する資本によってもたらされた輸送・通信技術の革新であったことは改めて指摘するまでもないだろう。

多国籍企業の下での国境を跨いだ分業では、マルクスが作業場内分業で発展すると考えた「労働力の等級制《ヒエラルキー》」もグローバルな形で展開される。*39 すなわち、経営管理や研究開発などの専門的な部門は先進国に残され、高度な熟練を要しない生産工程は低開発国に移される傾向がある。そして、グローバルな「労働力の等級制《ヒエラルキー》」では、一つの作業場のなかで見られる以上の露骨な「労賃の等級」が作り出される。こうして、一九世紀イギリスの工場で熟練労働者の補助者として女性や子供が動員されたのと同じように、先進国から低開発国に移転された工場では低賃金の不熟練労働力として若年女性が大量に雇用されることになったのである。

幽霊化する資本

生産過程の国境を跨ぐ配置は、資本が特定の場所に固定されていることのリスクを分散することを可能にするかもしれないが、資本の固定性に伴うリスクそのものを除去することはできない。安価で従順な労働力が期待できる第三世界への投資には、いわゆるカントリーリスクが付き纏う。すなわち、革命《クーデター》や内戦といった政治的な混乱が起こりうるし、さらには、現地政府による収用によって投下した資本が失われてしまう可能性もある。*40 また、西ヨーロッパ諸国や日本が戦後復興を成し遂げる過程で実現した為替と資本移動の自由化は、海外直接投資を通じて資本が多国籍化していく途を開いたが、同時に、固定相場制というブレトンウッズ体制の土台を掘り崩した。一九七〇年代初めに国際通貨システムが変動相場制に移行したことで、カントリーリスクに加えて、為替レートの変動に伴うリスクが新たに生まれた。為替レートの変動は、国際貿易にも影響を及ぼすが、資本が外国に長期間固定される直接投資の場合にはとくに深刻な問題を引き起こす可能性がある。

また、「資本主義の黄金時代」を通じて自動車のような耐久消費財が行き渡り、その需要が頭打ちになったことによって、同じ種類の商品の大量生産を前提とするフォード・システムは機能不全に陥った。生産過程の一部を海外に移転し、企業内にグローバルな「等級制《ヒエラルキー》」を作り出しただけでは、同一品種大量生産型のフォード・システムのもつ硬直性は解消されない。作れば作るだけ売れた時代が終わりを告げ、製品を不断に差異化して消費者の多様なニーズを掘り起こさなければならなくなったことで、より柔軟で可変的な生産システムが求められるようになった。そうした要請に応えるものとして一九七〇年代に注目を集めたのがいわゆるリーン生産方式である。

リーン生産方式は日本のトヨタに由来する生産システムである（ゆえにトヨタ生産方式とも呼ばれる）[*41]。フォード・システムが同一品種の大量生産に適したものであるのに対し、リーン生産方式は多品種少量生産のために考案されたシステムである。規模の経済性に頼ることができない少量生産において十分な利潤をあげるためには、過剰《ムダ》を徹底的に排する必要がある（「リーン（lean）」とは「贅肉《ムダ》を削ぎ落した」という意味である）。この過剰《ムダ》には、在庫をはじめとする物的な過剰《ムダ》と人的な過剰《ムダ》とがある。

過剰な在庫を抱え込まないために導入されたＪＩＴ（ジャスト・イン・タイム）はよく知られているが、トヨタをはじめとする日本の自動車メーカーが欧米に比して部品生産の遥かに大きな比率を下請企業に外部化《アウトソーシング》したことがそれにもまして重要である。生産の外部化《アウトソーシング》は、在庫だけでなく、過剰化する可能性のある固定資本を企業本体から切り離すという意味で物的な過剰《ムダ》を削減する効果をもつ。また、人的な過剰《ムダ》については、自働化（機械に自動停止する装置をつけて監視作業を省くこと）によってマルクスのいわゆる「労働日のなかのすきま」を極限まで圧縮するとともに、[*42]人員を最小化することによって過剰《ムダ》が省かれた。人員をつねに必要最小限に保つためには調整弁としての非正規労働者（期間工）の存在が不可欠であることは言うまでもない。また、人的な過剰《ムダ》の排除という点においても下請企業はきわめて重要な役割を果たした。

第二次世界大戦直後の国内市場の狭隘さゆえにフォード・システムを採用できなかった日本企業が編み出した窮余の策が、皮肉なことに、一九七〇年代以降、耐久財市場が世界的に縮小していくなかで突如として脚光を浴びることになった。かんばん方式や自働化といった具体的な仕掛けは必ずしも普及しなかったが、外部化《アウトソーシング》による過剰《ムダ》の排除というリーン生産方式の根底にある思想は――アメリカの大学のビジネススクールを介して――確実に広まった。[*43]為替レートの変動をはじめとするリスクに敏速に対処し、市場の変化に素早く反応できる生産システムが求められるなかで、固定性を伴う海外直接投資、とりわけ、一から工場を建設すること（いわゆるグリーンフィールド投資）よりも、外部委託《アウトソーシング》、すなわち、既存の外国企業と下請け、ライセンス生産、業務提携といった柔軟な

（つまりいつでも解消可能な）関係を取り結ぶことが選好されるようになったのである。

　贅肉《ムダ》を削ぎ落とすというリーン生産方式の思想は、それを極限まで推し進めると、生産過程全体を外部化《アウトソーシング》するところにまで行き着く。このような生産過程の徹底的な外部化《アウトソーシング》の典型は、興味深いことに、服飾のような古い産業とコンピュータのような先端産業《ハイテク》という両極に見られる。ナイキやアップルのようなグローバル資本は、従来の多国籍企業とは異なり、生産部門の一部ではなくほぼすべてを海外の下請企業に外注し、自らはブランドイメージの開発やマーケティングといった生産以外の作業に専念する。イギリスの社会学者コリン・クラウチが指摘するように、「主要事業があること自体、硬直化につながる」のだから、苛烈な競争と多様なリスクにさらされるグローバリゼーションの時代には、「ほぼすべての事業を外注と下請けに回し、唯一、戦略上の本部の財務意思決定能力を残しておく」ことが最善の選択肢となる。[*44] クラウチは、このような表向きは産業資本でありながら、生産過程という実体をもたない資本を「幽霊《ファントム》企業」と呼んでいる。

　資本の「幽霊《ファントム》」化そのものは、歴史的に見れば、決して新しい事態ではない。資本主義の生成期に広範に見られた前貸問屋制（putting-out system）は文字通り資本が生産を「下請けに出す put out」システムであった。ブランドイメージによる価値の吊り上げという手口も、古くから行われてきた奢侈品交易の現代版と見ることもできる。かつての遠隔地交易で奢侈品が輸送コストを遥かに上回る価値をもちえたのは、その異国風《エキゾチック》なイメージゆえであったし、また、そうした奢侈品を権力者《セレブ》に使用させることで、それを模倣する大衆の間に流行が作り出された。[*45]「幽霊企業」の採る手法は、流通に携わる商人（資本）が昔から行ってきたことと本質的には変わりはない。

そもそも、資本が「幽霊《ファントム》」的性格をもつこと自体、マルクスの商品についての説明に照らせば、まったく意外なことではない。商品には使用価値と価値という二要因があるが、マルクスによれば、使用価値としては商品は「ありふれた感覚的であるもの」であるのに対し、[46]価値としては「超感覚的であるもの」、「どうつかまえたらいいか分からない代物」であるという。[47]第二章で見たように、マルクスはこのような価値の超感覚性を「幽霊（Gespenst）のような対象性」とも呼んでいる。[48]価値は個別の商品をどう捏ね繰り返しても把捉できないという意味で「幽霊」のようだと言われる。商品と異なる身体、すなわち、貨幣の身体に憑依することによってはじめて価値という「幽霊」は現前することができるようになるが、消費を最終目的とする単純流通W－G－Wのなかでは、貨幣Gは「電気火花のような実在性」しかもたず、[49]最後の商品Wが使用価値として消費される段になれば、「幽霊」は消え失せてしまう。「幽霊」がそれに相応しい不死性を手に入れるのは、価値が「過程を進行しつつある、自分自身で運動する実体」となる資本においてである。[50]資本の運動G－W－G'のなかで、価値は貨幣Gや商品Wといった特定の身体に固着するのではなく、さまざまな身体に次々と憑依しつつ、「価値魂《ヴェルトゼーレ》」、つまり、価値という霊魂《ゼーレ》として生き続けるのである。[51]

ところが、資本が生産過程を内包し、再び特定の身体に固定されるようになると、資本は「幽霊」であることをやめるわけではないとはいえ、その「幽霊」性は見えにくくなる。とくに、固定資本が巨大化し、その償却期間も長期的になってくると、機械や建物のような「手につかめる実在的（reell）な身体形態」が資本と呼ばれさえする[*52]（実際、現代経済学では、資本は実物《リアル》資本と規定される）。資本が「幽霊」であったことが忘れられてしまうのである。

二〇世紀末のグローバリゼーションが行き着いた生産過程の全面的な外部化《アウトソーシング》は、再領土化・再ストック化された資本を本来の姿と見る立場からは、逸脱に映るかもしれない。だが、マルクスの資本の定義からすれば、むしろ、実在する感覚的な身体を失うことによって「幽霊」に相応しい超感覚的な身体を、したがって、資本の「純粋」性を取り戻したと言える。そして、そのことは、資本が社会の内部から社会と社会の間（「空虚」）へと回帰しつつあることを示しているのである。

*1　カール・マルクス、『資本論』(3)、四三八ページ

*2　「グローバリゼーション」という言葉は、今日では人口に膾炙しているが、その歴史は意外に浅く、広く用いられるようになるのは一九八〇年代後半以降である。ローランド・ロバートソン、『グローバリゼーション』、二〇ページ、参照。

*3　ロバート・ギルピン、『グローバル資本主義』、一八―二一ページ、特に図一・一および図一・二を参照。

*4　Paul Hirst, et al., *Globalization in Question*, p. 40.

*5　『資本論』(1)、二五七ページ

*6　『資本論』(1)、二八七―二八八ページ

*7　ジル・ドゥルーズ＝フェリックス・ガタリ、『哲学とは何か』、一六九ページ

*8　カール・マルクス『資本論草稿集』②、二一六ページ

*9　一九世紀における蒸気船・鉄道の登場と大西洋横断電信ケーブルの敷設が与えたインパクトは二〇世紀末のIT革命よりも大きかったという見方もある。例えば、ブラジルのリオデジャネイロとイギリスのファルマスの間の情報伝達の日数は、一九五一年に帆船が蒸気船に切り替わったことにより五二日から三〇日に短縮され、さらに、

一八七五年に海底ケーブルが敷設され、電信が利用可能になると、わずか一日に短縮された。セイヤ＝リータ・ラークソ、『情報の世界史』、三七九ページ、参照。

＊10 『資本論』(4)、二五七ページ

＊11 フランソワ・ケネー、『経済表』では、マルクスの言う固定資本が原前貸（原前払）、流動資本（一回転で回収される資本部分）が年前貸（年前払）と呼ばれている。

＊12 『資本論』(5)、二〇三ページ

＊13 『資本論』(5)、二〇三ページ。マルクスは、賃金後払いを前提としている別の箇所では、「労働者はどこでも労働力の使用価値を資本家に前貸しするわけである。労働者は、労働力の価格の支払いを受ける前に、労働力を買い手に消費させるのであり、したがって、どこでも労働者が資本家に信用を与えるのである」（『資本論』(1)、三〇五ページ）と述べているが、適切ではない。

＊14 『資本論』(1)、二九四ページ

＊15 『資本論』(1)、七三ページ

＊16 カール・マルクス、『経済学批判』、二〇七ページ

＊17 『資本論』(1)、二七〇ページ

＊18 『資本論』(1)、三四七ページ

＊19 『資本論』(4)、三八五ページ

＊20 マルクス（経済学）における（労働の）生産力とは、産出に対する直接・間接労働の比率を指す。産出に対する直接労働のみの比率である「労働生産性」とは異なって、生産手段の改良による生産力の向上も含んだ概念である。

＊21 この命題は、今日では、「マルクスの基本定理」と呼ばれている。「マルクスの基本定理」についての平易な説明としては、置塩信雄ほか、『経済学』、二〇九－二一一ページを参照。

＊22 『資本論』(2)、一五ページ

＊23 『資本論』(2)、一五－一六ページ

＊24 『資本論』(3)、二二六ページ

＊25 『資本論』(1)、七一ページ

＊26 ここでの説明は、マルクスそのものではなく、それを再構成した宇野弘蔵の恐慌論に依拠している。宇野弘蔵、『恐慌論』を参照。

＊27 『資本論』(6)、四一一ページ。『資本論』のなかには、恐慌を「資本の絶対的過剰生産」として捉える見解（資本過剰論）だけでなく、恐慌の原因を過少消費や部門間不均衡に求める見解（商品過剰論）も存在している。『資本論』の恐慌論については、伊藤誠、『『資本論』を読む』、三五九－三六三ページを参照。

＊28 『資本論』(6)、四〇八ページ

＊29 『資本論』(6)、四〇七ページ

＊30 『資本論草稿集』②、一五ページ

＊31 このような視点は『資本論』ではあまり目立たないが、

そのことはマルクスが資本主義のなかで世界市場の果たす役割を軽視するようになったことを意味するわけではない。マルクスの「経済学批判」体系——『資本論』はその一部をなすにすぎない——のプランによると「世界市場と恐慌」というテーマは体系全体の結論をなすはずであった。

＊32 レーニン、『帝国主義論』、一二三ページ

＊33 『帝国主義論』、一二五ページ

＊34 『資本論』(7)、二二一ページ

＊35 ジョヴァンニ・アリギ、『長い二〇世紀』、三四—三五ページ、〔 〕内筆者補足。

＊36 『資本論』(2)、二一九ページ

＊37 『資本論』(2)、二三〇ページ

＊38 『資本論』(2)、二二四ページ

＊39 『資本論』(2)、二二二ページ

＊40 第三世界諸国における外国投資の収用の一年当たりの平均件数は、一九六〇年代前半には八件だったが、後半には一七件に増加した。さらに、一九七〇代年前半には、年間の収用件数の平均が五六件へと爆発的に増加した。レオ・パニッチ＝サム・ギンディン、『グローバル資本主義の形成と現在』、一八四ページ、参照。

＊41 リーン生産方式（トヨタ生産方式）については膨大な研究があるが、ここでは、日本の自動車メーカーでの参与観察を通じてリーン生産方式の神話の解体を試みている、大野威、『リーン生産方式の労働』を挙げておく。

＊42 『資本論』(2)、一九七ページ

＊43 スイスの経済学者クリスティアン・マラッツィは、適切にも、リーン生産方式の核心を「外部委託《アウトソーシング》」に見出している。クリスティアン・マラッツィ、『現代経済の大転換』、一三ページ、参照。

＊44 コリン・クラウチ、『ポスト・デモクラシー』、五九ページ

＊45 一八世紀に書かれたアダム・スミスの『道徳感情論』のなかで、すでに、他者への共感から富者（the rich）と高位の人物（the great）を賞賛する習性（disposition）が生じ、そこから流行（fashion）が生み出されるという説明がなされている。「富者や高位の人物が流行と呼ばれるものを定めたり導いたりできるのは、富者や高位の人を賞賛し、結果として彼らの真似をしようとするのがわれわれの習性だからである」（アダム・スミス、『道徳感情論』、一二六ページ）

＊46 『資本論』(1)、一三三ページ

＊47 『資本論』(1)、一三三、九三ページ

＊48 『資本論』(1)、七七ページ

＊49 『経済学批判』、一四八ページ

＊50 『資本論』(1)、二七一—二七二ページ

＊51 『資本論』(1)、一〇〇ページ

＊52 『資本論』(1)、一七三ページ

終章

資本主義を超えて

資本主義の終わり？

ソ連が崩壊した一九九〇年代には、アメリカの政治学者フランシス・フクヤマの「歴史の終わり」という言葉がもてはやされた。階級闘争を通じて資本主義は必然的に共産主義へと移行するというマルクス主義的な歴史観（いわゆる唯物史観）が完全に否定され、資本主義が歴史の終着点であることが立証されたのだと喧伝された。対抗する社会主義陣営が雪崩を打って瓦解しただけでなく、資本主義そのものも一九七〇年代の「危機」を乗り越え、グローバリゼーション（社会主義諸国の資本主義への統合はその重要な要素をなす）を通じて復活を遂げた（ように表面上は見えた）ことも、このような見方を補強した。

じっさい、あらゆる面から見て資本主義が勝利したことは疑いがないように思われた。一九七〇年代を通じて不況《スタグ》とインフレーション《ネーション》の共存、すなわち、スタグフレーションに苛まれたアメリカでは、一九八〇年代半ば以降、インフレ抑制のための高金利政策が採られ続けたにもかかわらず好景気が長期間持続し、「大いなる安定（Great Moderation）」（当時FRB理事であったベン・バーナンキが広めた言葉）と言祝がれた。一九九九年にアメリカの代表的な株価指数であるNYダウが史上初めて一万ドルを突破したことはアメリカ型資本主義（新自由主義）の成功の徴と受け止められた。アメリカ以外に目を向けても、資本主義に組み込まれた社会主義圏や第三世界の一部の国は、「黄金時代」の先進資本主義諸国に引けを取らないほどの高成長を成し遂げた。

資本主義の強靭さを認めたのは、この体制の擁護者たちだけではなかった。一九九〇年代にいち早くアメリカのヘゲモニーの終わりを予言したジョヴァンニ・アリギでさえ、それが資本主義の終焉につながるとは見なさず、日本を中心とする東アジアにヘゲモニーが移ると考えていた。[*1] 左派の著名な理論家であるアントニオ・ネグリとマイケル・ハートは、アメリカの比類なき権力《ヘゲモニック・パワー》を表すために一部で使われ始めていた「帝国」という語を転用し、一九九〇年代に急速に進展した資本のグローバリゼーションを新たな「ネットワーク権力」＝「帝国」の出現として描き出した。[*2]

二〇〇〇年代初めのITバブルの崩壊、さらには九・一一という世界を揺るがした出来事でさえも資本主義に致命傷を与えるには至らなかったことで、アメリカを中心とするグローバル資本主義は今後も続くという確信は却って強められた。しかし、二〇〇七年に顕在化したサブプライム・ローン問題をきっかけとして一九二九年 大恐慌《グレート・ディプレッション》に匹敵するほどの深刻な金融危機が発生し、それが世界中を大不況《グレート・リセッション》に陥れたことで、この確信は決定的に揺らぐことになる。

全米屈指の投資銀行であるリーマン・ブラザーズが破綻した二〇〇八年には、NYダウは四〇%以上下落し、堅調に推移してきたアメリカのGDP成長率は一転してマイナスに落ち込んだ。ヨーロッパでは、この金融恐慌が公的債務《ソブリン》危機に転化し、それによってかつては国境を超える《ボーダレス》経済圏を作り上げる最先端の試みとして世界中の羨望を集めていたEUがいまや分裂の危機に瀕している（イギリスはじっさいに離脱を決定した）。バブル崩壊後の日本は、欧米に先行して「失われた二〇年」と呼ばれる長期不況をすでに経験していたが、アメリカの金融危機の影響を受けて景気はさらに悪化し、「失われた三〇年」へと向かいつつある。

こうした状況のなかで、近年、資本主義の終わりを論じる書が相次いで出版されている。英語圏を代表するマルクス経済学者であるデヴィッド・ハーヴェイは、資本の矛盾を実に一七も列挙し、それらが「資本主義の終焉」と結びつく可能性を詳細に論じている。[*3] アメリカの歴史社会学者イマニュエル・ウォーラーステインは、『資本主義に未来はあるか』と題された論文集のなかで、一九七〇年代以降を近代世界システム（資本主義）五〇〇年の歴史のなかで繰り返されてきた五〇－六〇年周期のコンドラチェフ循環の下降局面（B局面）と捉えた上で、それが今回は上昇（A局面）に転じることなく資本主義から別のシステムへの移行が生じると予見している。[*4] イギリスのジャーナリストであるポール・メイソンは、情報技術をはじめとする新たなテクノロジーは資本主義と共存することは不可能であり、ネットワーク化された個人によって「ポスト資本主義」が切り開かれると主張している。[*5] ドイツの社会学者ヴォルフガング・シュトレークは、一九七〇年代以来、資本主義は「危機」に陥っており、これまで「時間かせぎ」のためのさまざまな手立てが講じられてきたが、それももはや限界に達しており、資本主義は終わりを迎えつつあると述べている。[*6]

資本主義の終わりを論じるこれらの著者たちに共通しているのは、近年の大不況《グレート・リセッション》を金融機関の暴走や土地バブルの帰結として（のみ）理解するのではなく、その原因を一九七〇年代の「資本主義の危機」に求めようとするスタンスである。こうした見方に立てば、一九八〇年代後半から二〇〇〇年代にかけての回復は、「資本主義の危機」の根本的な解決ではなく、「危機」をむしろ深化させたか、せいぜい先延ばししたにすぎないことになる。換言すれば、一九七〇年代の「危機《クライシス》」は克服可能な「制限（Schranke）」としての「恐慌《クライシス》」ではなかったのであり、今日まで継続している状況は「限界（Granze）」を、しかも、アメリカ中心《パクス・アメリカーナ》の資本主義のそれではなく、資本主義そのものの絶対的な「限界」を示していることになるのである。

果たして、こうした論者たちの言うように、資本主義は終わりつつあるのだろうか。また、もしそうだとすれば、資本主義が終わった後、世界はどこへ向かうことになるのだろうか。

マルクスの予言

ところで、マルクスは、一五〇年前に出版された『資本論』第一巻のなかで、すでに資本主義の終わりについて論じている。マルクスによれば、資本主義はいずれ革命によって打ち倒される運命にあるが、革命が成就するためには資本主義の矛盾の発露としての恐慌が不可欠の前提となる。この前提を欠いたたんなる騒乱では資本主義を打破することはできない。こうした考えをマルクスはかなり早い段階からもっていた。一八四七年恐慌の只中で執筆された政治パンフレット『共産党宣言』において、マルクス（とエンゲルス）は「近代的生産諸関係に対する、ブルジョアジーとその支配との存立条件である所有諸関係に対する、近代的生産的諸力の反逆」としての恐慌を通じて、「ブルジョアジーが封建制度を打ち倒すのに用いたその武器が、いまやブルジョアジー自身に向けられる」ようになると述べたが、[*7] まさにその直後にフランスで二月革命が勃発し、ヨーロッパ大陸全土に革命の嵐が吹き荒れることになる。この一八四八年革命は結局敗北に終わるが、一八五〇年の時点で「新しい革命は新しい恐慌に続いて起こりうる。しかし革命はまた、恐慌が確実であるように確実である」と書いているように、[*8] 恐慌が革命をもたらすという確信はこの敗北によって些かも揺らいでいない。一八五七年に恐慌が起きた際にも、「革命は近づきつつある」と考え、革命という「大洪水」が来る前に「要綱」だけでも完成させるために「経済学研究の取りまとめ」に没頭しているとエンゲルスに書き送っている。[*9] このときには革命が起きることなく不況が底を打ち、景気は回復に向かうが、『資本論』第一巻が完成する直前の一八六六年に再び恐慌が勃発する。この恐慌を受けて、マルクスは第一巻の実質的な結語として次のような言葉を書き記した。すなわち、資本主義的生産様式の下では、資本家が労働者を搾取するだけでなく、「多くの労働者を搾取している資本家」が他の資本家によって収奪されるが、

> この収奪は、資本主義的生産そのものの内在的諸法則の作用によって、諸資本の集中によって、行われる。いつでも一人の資本家が多くの資本家を打ち倒す。この集中、すなわち少数の資本家による多数の資本家の収奪と手を携えて、ますます大きくなる規模での労働過程の協業的形態、科学の意識的な技術的応用、土地の計画的利用、共同的にしか使えない労働手段への労働手段の転化、結合的社会的労働の生産手段としての使用によるすべての生産手段の節約、世界市場の網のなかへの世界各国民の組入れが発展し、したがってまた資本主義体制の国際的性格が発展する。この転化過程のいっさいの利益を横領し独占する大資本家の数

が絶えず減ってゆくのにつれて、貧困、抑圧、隷属、堕落、搾取はますます増大してゆくが、しかしまた、絶えず膨張しながら資本主義的生産過程そのものの機構によって訓練され結合される労働者階級の反抗もまた増大してゆく。*[10]

マルクスは、「少数の資本家による多数の資本家の収奪」としての「諸資本の集中」が労働・生産の社会化と世界市場の拡大を伴いながら貧困や抑圧を増大させると述べているが、このプロセスは直線的に進むわけではない。好況期には、合併や買収などの資本の「集中（Zentralisation）」ではなく資本蓄積による「集積（Konzentration）」の方が支配的となるし、労働需要の増加によって労働者の生活水準が向上することも起こりうる。しかしながら、恐慌が発生して不況に陥ると、「少数の資本家による多数の資本家の収奪」が活発化し、「諸資本の集中」が劇的に進行すると同時に、貧困や抑圧が拡大し、それに伴って「労働者階級の反抗」も増大してゆくことになる。その結果、

資本独占は、それとともに開花しそれのもとで開花したこの生産様式の桎梏となる。生産手段の集中も労働の社会化も、それがその資本主義的な外皮とは調和できなくなる一点に到達する。そこで外皮は爆破される。資本主義的私有の最期を告げる鐘が鳴る。収奪者が収奪される。*[11]

マルクスはこのように述べたが、一八六六年恐慌によっても「資本主義的私有の最期を告げる鐘」が鳴ることはなかった。マルクスが『資本論』を執筆した時点で経験することができた「恐慌《クライシス》」はすべて、事後的に見れば、資本主義の「限界（Granze）」としての「危機《クライシス》」ではなく、克服可能な「制限（Schranke）」でしかなかった。しかしながら、マルクスの考えでは、「それ〔制限〕を克服する手段は、この制限をまた新たにしかもいっそう強大な規模で自分に加えるものでしかない」のであり、[*12]「恐慌《クライシス》」として現れる「制限」が乗り越えられたとしても、矛盾は次第に堆積してゆき、いずれ「限界」に至るに違いない。『資本論』の草稿のなかでも述べているように、「これらの制限は、資本の発展のある一定の段階で、資本そのものがこの傾向の最大の限界であることを見抜かせるであろうし、したがってまた資本そのものによる資本の止揚へと突き進ませるであろう」[*13]。このように考えていたからこそ、マルクスは、一八七〇年代初めに『資本論』第一巻を改訂した際にも、この部分を書き改めようとはしなかったのである。

『資本論』第一巻の改訂を行っていたなかで起きた一八七三年恐慌は、それ以前の一〇年周期の恐慌とは異なり、二〇年以上に及ぶ「大不況《グレート・ディプレッション》」をもたらした。マルクスはこの現象が「特異なもので、多くの点で以前のものとは違って」いることを直感的に理解していたが、[*14]その帰趨を見届けることなく、一八八三年に没した。

一九世紀の「大不況《グレート・ディプレッション》」は、イギリス中心の資本主義《パクス・ブリタニカ》がそれまでのようなたんなる「制限」ではなく、致命的な「限界」に突き当たったことの証左であるが、それによって資本主義自体が終わることはなかった。株式会社制度の普及によって資本の集中が促進された面があるとはいえ、マルクスが予言したように、貧困や抑圧に対して労働者階級が立ち上がり、「資本主義的な外皮」が「爆破」される「一点」に達するといった事態は生じなかった（普仏戦争後の一八七一年に成立したパリ・コミューンという例外はあるが、それも七二日間という短命に終わった）。資本は脱領土化を通じてこの「限界」を克服可能な「制限」に置き換え、その結果、資本主義の中心《ヘゲモニー》はイギリスからアメリカへと移ってゆくことになったのである。

「転覆的破壊的」金融

直前までＦＲＢ議長を務めていたアラン・グリーンスパンによって「一〇〇年に一度の信用の津波」と評された今回の「大不況《グレート・リセッション》」は、一九七〇年代の資本主義の「危機」がその後のグローバリゼーションによって克服されたわけではなかったことを、したがって、アメリカ中心《パクス・アメリカーナ》の資本主義がもはや「限界」に達していることを明らかにした。このことを「大不況」が起きる前にいち早く指摘していたのがアリギである。[*15] アリギは、すでに見たように、旧来の蓄積体制の行き詰まりから生じる、資本が流動性《フロー》を回復しようとする動きに着目したが、彼はこの動きを金融化《ファイナンシャリゼーション》という概念で説明している。アリギによれば、金融化は、必ずしも新しい現象ではなく、国際システムのなかのヘゲモニーが交替するたびに決まって現れた。すなわち、「長い一五～一六世紀」（ジェノヴァ）、「長い一七世紀」（オランダ）、「長い一九世紀」（イギリス）のいずれにおいても、ヘゲモニーが衰退する時期には金融化が生じた。金融化は、歴史的に見れば、古いヘゲモニーを終焉に導き、次の新しいヘゲモニーの台頭を準備してきたが、このことは「長い二〇世紀」（アメリカ）にも当てはまるとアリギは主張する。

アメリカのヘゲモニーの「秋の兆し」と見るかは別として、一九九〇年代以降、グローバリゼーションと並んで金融化というもう一つの傾向が進行してきたという認識はかなり広く共有されている。その証拠《エヴィデンス》としては、例えば、次のようなことが挙げられる。曰く、アメリカ国内で獲得された総利潤のうちで金融部門が占める割合は、第二次世界大戦直後は九・五％程度だったが、二〇〇二年には四一％となった。[*16] 金融・保険部門がアメリカのGDPに占める割合は、一九五〇年には二・五％にすぎなかったが、二〇〇八年のリーマン・ショック直前には、八％近くにまで上昇した。[*17] 一九八〇年には一二兆ドルだった世界の金融資産（株式、国債、社債、銀行預金）は、二〇〇五年には一四〇兆ドルに達した。[*18] 金融派生商品《デリヴァティブ》市場は、一九九〇年にはほぼ皆無だったが、二〇〇五年には二五〇兆ドルに迫る規模に成長した。[*19] このような金融の量的拡大が見られるという点では、一九九〇年代以降の状況は、確かに、一九世紀末から二〇世紀初めまでのヘゲモニーの移行期とよく似ている。

しかしながら、一九世紀の「大不況《グレート・ディプレッション》」から第一次世界大戦までの時期と一九七〇年代の「資本主義の危機」から二一世紀の「大不況《グレート・リセッション》」に至るまで時期とをより詳しく見てみると、一口に金融化と言っても、その内実は大きく異なっていることが分かる。前者においては、重工業をはじめとする産業資本への出資ないし貸付（産業金融）が証券化を通じてフロー化されることによって資本の輸出が促進されたが、後者においては、資金は産業資本にも振り向けられたものの、かなりの部分が産業金融以外につぎ込まれた。すなわち、先進資本主義諸国における蓄積の停滞によって過剰化した資本は、工場の海外移転という形で、アジアや中南米の新興国（一九九〇年代以降は社会主義圏がこれに加わる）に輸出されたが、それによってすべてを吸収することはできなかった。吸収しきれなかった過剰資本のはけ口となったのが、公的債務と家計債務の著しい増加である。社会保障費が増大する一方で、不況（と減税）により税収の減った各国政府は公債発行に頼らざるをえなくなった。また、一九七〇年代の「資本のストライキ」、さらには、いわゆる「ボルカー・ショック」に象徴されるような反インフレ政策（インフレ抑制のためならば失業率の悪化を許容する政策）は失業者の増加と賃金の低下をもたらしたが、それによって生じた家計収入の減少を埋め合わせるために、消費者信用、とりわけ住宅ローンが拡大した。

産業金融は、資本主義的な金融システムの中心をなすものであり、その役割は遊休資金を社会全体から動員し、産業資本の蓄積を促すことにある。産業金融の対価である利子（配当）は、生産拡大によって増加した利潤のなかから支払われる。したがって、景気が良好で蓄積が順調に進み、返済還流が円滑である限りは、産業金融を継続してゆくことが可能である。逆に、景気が低迷し利潤率が全般的に低下することになれば、産業金融に対する需要は減退することになる。その意味で、産業金融は、マルクスが言うように、「資本主義的生産様式の諸条件と諸要求とに従属するということ以上の何ものでもないし、またそれ以下の何ものでもない」のである。[20]

マルクスは貨幣を貸しつけて利子を得る主体（ないし運動）を高利資本と呼び、それを利子生み資本（資本主義的金融システム）の「古風な形のもの」、「資本主義的生産様式よりもずっと前からあって非常にさまざまな経済的社会構成体のなかに現れる資本形態」と説明している。[21] 理論的に言えば、貨幣の貸付を資本の投下と見なすことには問題があるが、それはともかくとして、ここで重要なのは、高利資本（高利貸）が「古代的および封建的富」に対しても、「小農民的および小市民的生産」に対しても、「転覆的破壊的に作用する」と述べられている点である。[22] 資本蓄積（生産拡大）のための産業金融とは異なって、この種の貨幣貸付は消費に対する収入の不足を補うためになされるのであって、この不足状態が続けば、いずれ借り手は――延いてはそうした借り手が増えれば社会も――破綻せざるをえない。

高利貸が社会に対して「転覆的破壊的に作用する」のとは対照的に、産業金融としての「利子生み資本は近代的信用制度のもとでは資本主義的生産の諸条件に適合せられる」とマルクスは言う。[23] もちろん、資本主義においても高利貸はなくなるわけではなく、公的債務と家計債務という形を取って「資本主義的生産の基礎の上でも再現する」が、それは「従属的な形態」として存在するにすぎない。[24] ところが、近年になって、資本主義的金融システムの「従属的な形態」でしかないはずの公的債務と家計債務が急激な増加を見せている。このような公的債務と家計債務の過度の膨張は、社会に対して「転覆的破壊的」に作用せざるをえない。

資本主義諸国の公的債務は、二度の世界大戦によって一時的に肥大化したとはいえ、基本的に低い水準を保ってきたが、一九七〇年代の「資本主義の危機」を境に増加傾向に転じた。G8諸国の公的債務のGDPに占める割合は、一九七四年には三四・四%という低水準だったが、一九九九年には八二・二%まで上昇した。[*25]また、家計債務も一九八〇年代以来増加の一途を辿ってきた。一九七〇年代にはアメリカの家計債務は可処分所得の六〇%を占めるにすぎなかったが、二〇〇八年には一三〇%に達した。[*26]とくに不動産価格が右肩上がりで上昇した二〇〇〇年代には、住宅ローンの対象が本来支払い能力のないはずの低所得者層《サブプライム》にまで拡張され、家計債務は前例のない規模にまで膨れ上がった。金融機関によって煽られた不動産バブルは、アメリカだけでなく、イギリス、アイルランド、スペインなどでも発生し、これらの国ではアメリカと同じような家計債務の膨張が見られた。[*27]

家計は、資本とは異なり、債務を負うことによって新たな価値を生み出すことはできない。不動産価格が持続的な上昇が期待できるときには、借り入れた資金で住宅を購入することによって負債を上回る価値を作り出すことができるように見える。しかし、それはバブルという異常な状況下で生じる錯覚にすぎない。二〇〇七年にアメリカの不動産バブルが弾けると、住宅の値上がりを見込んで支払い能力を超える債務を抱えていた低所得者層《サブプライム》は忽ち返済不能に陥り、家を失うことになったのである。

顕在化したサブプライム・ローン問題によって危機に陥った金融機関を救済するために、各国政府は巨額の公的資金を投入した。この金融機関の救済と不況による税収減によって資本主義諸国の公的債務はさらに大きく膨らむことになった。GDP比で見たG8諸国の公的債務は二〇一一年には一〇〇%近くにまで増加した。このことによって不安を掻き立てられた国債保有者（主たる保有者は他ならぬ金融機関である）は、売却をちらつかせて政府に緊縮財政を迫った。その結果、巨額の公的債務を抱える国はいずれも公共支出を削減することを余儀なくされているが、とくに、ギリシアのような財政基盤が脆弱な国では、医療や教育、社会保障が大幅に切り詰められるなど、「転覆的破壊的」な作用が社会全体に及んでいる。

脱工業化の帰結

資本主義とは「資本主義的生産様式が支配している社会」である。[*28] この社会では、資本・賃労働関係、すなわち、資本が労働者を雇い、社会に必要なさまざまなものを生産する一方で、労働者は受け取った賃金で生産されたものの一部を買い、生活を営むという関係が基軸となる。資本主義における金融には、遊休している資金を利潤率が高く蓄積意欲の旺盛な産業部門に振り向けることによって、社会全体の生産規模の拡大を促し、雇用を創出する役割がある。しかし、今日の金融はこうした役割を十分に果たしておらず、資金のかなりの部分が、家計債務と公的債務、さらには、それらから派生した金融商品（デリバティブ）に注ぎ込まれている。

このように資本蓄積から遊離した金融が肥大化した背景には、先進資本主義諸国の利潤率が全般的に低迷するなかで、金融自由化が進んだ一九八〇年代以降、金融部門の利潤率のみが劇的に上昇してきたことがある。アメリカの金融会社の利潤率は、一九七〇年代には非金融会社の利潤率を下回っていたが、一九八〇年代半ばにそれを追い越し、一九九〇年代後半には一二%近くに達した（その間、非金融会社の利潤率は五%前後で推移した）。[29] 生産過程への投資よりも金融商品への投資の方が流動的であることに加えて、収益面でも遥かに有利となれば、資金の投資先が金融部門に偏重するのは当然である。GE（ゼネラル・エレクトリック）やGM（ゼネラル・モーターズ）といったアメリカを代表する製造業でさえも、利潤の大半を物的な生産ではなく、金融取引から得るようになったことは象徴的である。[30]

もちろん、消費のための債務にも需要を喚起する働きがあり、じっさい、一九九〇年代から二〇〇〇年代にかけての（日本を除く）先進資本主義諸国における景気回復は家計債務の拡大によって支えられた側面があるが、「大不況《グレート・リセッション》」が明らかにしたように、債務頼みの経済成長はいずれ行き詰まらざるをえない。また、デリバティブ市場はここ三〇年で驚異的な発展を遂げたが、同じ原資産（債権など）の加工・転売を何度も繰り返すことによって作り出されるデリバティブは、投資家に莫大な利益をもたらすものの、それ自体に新たな需要を創出する効果はない。「雇用なき景気回復《ジョブレス・リカバリー》」と呼ばれたように、一九九〇年代以降の好景気が雇用の拡大を伴わなかったのは、この回復が金融の自律的拡張によるものであり、それが生産の拡大をもたらさなかったことに根本的な原因がある。

一九七〇年代に「利潤圧縮」に直面した後、先進資本主義諸国の産業資本が生産過程を国外に移転し、さらにはＩＴ化をはじめとする生産過程の合理化を進めたことによって、製造業で働く労働者の数は激減した。一九九〇年代以降の景気回復局面でも、この傾向が反転することはなかった。製造業における雇用が一貫した減少傾向を示した一方で、サービス業における雇用は縮小しなかった。ほとんどのサービスは貿易することができないため、製造業のように生産拠点を国外に移すことができなかったし、また、サービス業の生産性を高めることは容易でなかったからである。加えて、合理化の一環として、かつては製造業内部で行われていた業務の一部が対企業サービスとして外部化《アウトソーシング》されたために、サービス部門では雇用が拡大しさえした。一九九〇年代以降の金融部門の肥大化、ＩＴ産業の興隆、債務に基づく家計消費の拡大は、サービス業で働く労働者を一層増加させた。このような産業構造の転換は、賃金格差の著しい拡大をもたらした。製造業では、工場の閉鎖や合理化によって雇用が大幅に削減され、産業予備軍が再形成されたことによって、残った労働者の賃金の低下が（雇用の非正規化を伴いつつ）進行した。サービス業では雇用は増えたが、その大部分は、生産性の低い対人サービスと、対企業サービスのなかでも非専門的なサービスであった。こうしたサービス部門で働く労働者は、工場労働者以上に低い賃金しか受け取っていない。その一方で、会計・法務・情報・金融・研究開発などの専門的な対企業サービスでは、その報酬は極端に高くなっている。つまり、脱工業化に伴うサービス化が進んだ結果、先進資本主義諸国では、かつての中間層が分解され、少数の高所得層と大量の低所得層とに二極化されることになったのである。*31

脱工業化には別の問題もある。資本主義は、資本の本源的蓄積を通じて農村を解体し、工場で働くことのできる／働かねばならない「二重の意味で」自由な賃労働者を創出することによって成立した。[*32] 工業化された資本主義国は、農業生産を外国に移譲し、工業製品を輸出して農産物をはじめとする一次産品を輸入するという国際分業体制を作り上げた。一九七〇年代以降以降、脱工業化が著しく進展したことによって、先進資本主義諸国は一次産品だけでなく、工業製品の供給も輸入に頼らざるをえなくなった。このことは国際収支に深刻な影響を及ぼす。多くのサービスは輸出することができないため、サービス化の進展は経常収支にマイナスの効果をもたらすからである。もちろん金融や知識・情報といった一部のサービスは貿易可能であり、こうしたサービスを輸出することによって、経常収支の赤字を埋め合わせることができるかもしれない。しかし、そうすることができなければ、外国からの投資か借り入れに頼ることになる。そのことは、いずれ自国通貨の減価を招き、その結果、輸入品を消費する家計の生活状況は悪化してゆかざるをえないだろう。

慣習法ならざる慣習法

現代の先進国は、資本・賃労働関係を通じてものを生産・分配・消費するということを中心とした社会ではもはやなくなっている。その意味で、われわれの生きている社会は、マルクスが述べた意味での資本主義、「資本主義的生産様式が支配している社会」とは明らかに異なる。それにもかかわらず、資本主義の終わりを宣告することにわれわれが躊躇いを感じるのは、資本主義的生産様式を超える生産様式を未だ見出すことができていないからである。

資本主義はマルクスの予言を超えて発展を遂げてきたものの、今日の爛熟した資本主義においては、「貧困、抑圧、隷属、堕落、搾取」が遍在し、今後それはますます拡大してゆくことが予想される。働き口のない人、仕事があっても雇用が不安定で低い賃金で働かざるをえない人が増え、十分な生活手段を手に入れることが難しくなっている。その一方で、閉鎖された工場や店舗、売れ残った商品、住む人のない住居が溢れている。つまり、生産手段と生活手段が有り余るほどありながら人々がこれを利用することができない状況、ケインズのいわゆる「豊富のなかの貧困のパラドクス」が今日の先進国では常態化しているのである。*33

生産手段と生活手段は資本主義では商品という形態を取り、それはこの社会の「富の要素形態」、すなわち、細胞をなしている。*34 富という有機体の細胞である個々の商品は生産と消費によってつねに新陳代謝されなければならず、そうでなければ、いずれ細胞は死滅し、その価値も使用価値も失われる。つまり、生産と消費を拡大し、社会を豊かにするはずの過去の労働の生産物（余剰）が無駄に浪費されてしまうのである。

余剰が生産に投資されなくなった理由は、そうすることによって利潤が得られるという見込みがなくなったからであった。先進資本主義諸国では、一九六〇年代末に、産業予備軍が枯渇したことによって賃金が上昇し、純生産物よりも必要生産物（労働者が賃金によって得る生活手段）が少ないという、産業資本が利潤を得るための必要条件が十分満たされなくなった。その後の長期的な不況の下で、さらには、「雇用なき景気回復」の下でも、雇用が縮小し、産業予備軍が再形成され、賃金は徐々に低下してきたものの、豊富な産業予備軍を抱える新興国・途上国とは未だ大きな賃金格差がある。今後も先進国の賃金は下がってゆくだろうが、安価な輸入品に太刀打ちできるまで賃金が低下するには相当の時間が掛かるし、そもそもそれは明るい未来とは言えない。

利潤を獲得できなければ、資本にとっては、生産過程に投資する理由はないが、歴史的に見ると、生産に利潤が伴わないことは決して珍しくはない。資本主義以外のほとんどの社会では、生産者は、利潤を得るためではなく、生存のために生産を行っていた。経済史家のロバート・ブレナーはヨーロッパ封建制における農民についてこのことを指摘している。*[35] 重要なのは、封建制下の農民は、利潤を追求することができなかったわけではなく、あえて「生存のための生産」を選択したということである。利潤を最大化するために特定の商品作物の生産に専門特化することは、食糧が不作となったときに「生存の危機」に直面する恐れがあるために、農民たちはそうした方法を採用しようとはしなかった。政治学者のジェームズ・スコットも、一九三〇年代の東南アジアの農民に関して、同じような行動様式が見られたことを報告している。*[36]

もちろん、農民たちが「生存のための生産」を行うことができたのは、彼（女）らが生産手段（土地）を保有していたからである。資本主義においては、生産手段が過剰に存在していながら、資本に雇用されていない、文字通り「自由な」労働者はそれへのアクセスを欠いており、「生存のための生産」を選ぶことはできない。一方に必要とされているものがあり、他方でそれを生存のために必要としている人がいるにもかかわらず、両者は結びつくことができない。この状況は、序章で触れた『資本論』の原点を思い起こさせる。

プロイセン・ライン州において、慣習的に認められてきた貧農が生活のために枯れ枝を集める行為を森林所有者の権利を侵す窃盗として処罰する法律が可決されようとしたとき、若きマルクスは「貧民の手への慣習法－慣習的権利の返還」を要求する記事を書いた。*37 この法律の前提には、フランス革命によって市民社会の礎とされ、ナポレオンによってヨーロッパ中に広められた私的所有権の絶対性があった。木から枯れ落ちた枝は森林所有者にとってわずかな価値しかないにもかかわらず、貧農が生存のために枯れ枝を集めることを禁じることに躍起になるのは、私的所有権は絶対的で神聖不可侵なものであるという原則を護るためでしかない。だからこそ、マルクスはあらゆる財産をローマ法由来の私法に服させようとするこの法律にゲルマン法由来の慣習法を対置することによって私的所有権の絶対性に風穴を開けようとしたのであった。もちろん、若きマルクスが訴えたのは、古い慣習法への単純な回帰ではなく、「地方的でない慣習法、あらゆる国々の貧民の慣習法であるような慣習法」の新たな創設である。晩年になって、マルクスは、この慣習法ならざる慣習法に内実を与える。「各人はその能力に応じて、各人はその必要に応じて」、すなわち、各人はその労働能力に応じて生産手段を利用し、各人はその必要に応じて生活手段を享受するという共産主義の原理である。*38

資本主義的私有の最期を告げる鐘

生産手段・生活手段と人々を結びつけることを妨げているのは私的所有権（私有）であるという若きマルクスの直観は、資本主義の終わりには「資本主義的私有の最期を告げる鐘が鳴る」と予言した『資本論』のなかにも確かに息づいている。だが、そう考えるとなおさら、今日において資本主義が終わりを迎えつつあるようには見えない。私的所有権は弱められるどころかむしろ強化され、その対象もますます拡大している。現代では、物的な財だけでなく、知識までもが私的所有権の対象となり、このような知識は、先進国においては、賃金の低い新興国・途上国に対して優位性をもつ数少ない商品として物的な財以上に重要なものと見なされるようになっている。

かつては、知識それ自体が誰かの所有物となることはなく、知識が対象化されたものだけが私的所有の対象であった。例えば、蒸気機関という知識は、機関車などに対象化されてはじめて所有することができ、したがってまた、商品化することができた。ところが、近年の情報通信技術（ＩＴＣ）の発達によって、知識を対象物から自立したものとして扱うことが可能になった。すなわち、第一に、汎用的なコンピュータの出現により、新たな機械《ハードウェア》を作らなくても、ソフトウェアを入れ替えることによりまったく違う作業を行うことができるようになった。第二に、知識を電子データに変換することによって知識そのものを対象化によらず直接複製することができるようになった。このような知識の自立化によって、知識それ自体を所有することが可能になっただけでなく、そうすることが資本にとってきわめて重要な意味をもつようになった。物的な財を増やそうとすれば、追加の生産手段と労働力を投じる必要がある（したがってコストがかかる）が、電子化された知識はコストをかけずに複製することができる。このことは知識の所有者にとって大きな利点となる。じっさい、大企業は研究開発に巨費を投じ、その成果を独占的に所有することによって、莫大な利益を得ている。私有される知識・情報の範囲は拡大を続け、いまや、われわれの身体（ヒトゲノム）や日常生活（SNSや通販サイトで自動的に収集される個人データ）にまで及んでいる。

このように私有化と商品化が広がってゆく様を目の当たりにすると、「資本主義的私有の最期を告げる鐘が鳴る」どころか、情報通信技術の革新によって資本主義はさらなる発展を遂げたように映るかもしれない。しかし、情報通信技術は資本主義にとっては諸刃の剣である。

知識は本来的に拡散する傾向をもつ。人は知識を伝達することに喜びを感じないではいられない――「人の口には戸が立てられない」――し、伝達された知識が一旦記憶されてしまえばそれを消去することは難しい。この拡散傾向を抑制するためには所有者以外の自由な利用を法的に妨げることが必要となる。いわゆる知的所有権に関する法制度が整備されてきた所以であるが、この権利は歴史的に見ると、必ずしも十分守られてこなかった。今日、先進国は新興国・途上国における知的所有権の侵害を糾弾しているが、先進国もかつては同じことをした。ドイツはイギリスの技術を、日本はアメリカの技術を文字通り「盗む」ことによってキャッチアップを果たした。しかし、以前は、知識を盗むことは容易ではなかった。新技術を盗用しようとすれば、それが対象化された機械や製品を手に入れなければならなかった。文書ですら複写するには相当の手間がかかった。

情報通信技術の発展は、知識の自立化を通じて知識それ自体を私有することを可能にしたが、その一方で、知識の私有が侵蝕される可能性も開いた。電子化された知識は容易に複製でき、インターネットを通じて瞬時にどこにでも伝達することができる。こうして私有化された知識を「盗む」ことが格段に容易になった結果、先進国の資本と国家は、簇生する海賊行為、すなわち、特許侵害、海賊版、情報漏洩の対処に追われることになった。*39

このような盗まれた「違法な」知識を利用する人は驚くほど増えているが、このことは、安いものを手に入れたいという経済合理性だけからは説明できない。それが意味するのは、情報機器やインターネットが普及し、知識の複製、伝達が容易であることが周知となったことで、複製された知識が商品として売買されることに人々が疑問を抱きはじめているということなのである。そして、この疑問の根底には、知識は私有財産ではなく、共有財産《コモンズ》であり、自由《フリー》に－無料《フリー》で利用できるべきだという、それ自体としてはきわめて正しい感覚がある。

海賊行為が広まったことによって、資本も部分的にせよ知識の利用を「フリー」にせざるをえなくなっている。すなわち、広告つきで、あるいは、一部だけを試行として、無料《フリー》で利用できるようにする、あるいは、定額料金を徴収することによって自由《フリー》に利用できるようにするといったビジネスモデルが急速に普及している。こうしたビジネスモデルは、知識の「フリー」化要求に対する資本側の抵抗であるが、こうした要求の圧力は今後ますます高まっていくだろう。

また、物的な財の生産過程でも情報技術が中心的な位置を占めるようになったことで、生産手段が「フリー」化される可能性がある。とりわけ、積層造形《アディティブ・マニュファクチャリング》（3Dプリンティング）技術は大きな潜在力を有している。この技術は、現在、製造業において、金型や部品の製造に使われはじめているが、今後、3Dプリンタがもっと安価になり、汎用性を増せば、「フリー」ソフトウェアを利用することで、さまざまな製品を誰でも生産できるようになる。

マルクスは機械は「人間の手で創造された、人間の頭脳の器官であり、対象化された知力である」と述べた。[*40] この機械に対象化された知力は「一般的知性」と呼ばれるが、その理由は、知性（知識）が本質的に社会的なものであるからである。情報技術の発展によって、私有財産としての生産手段（機械）に対象化されていた「一般的知性」が対象から引き剥がされ、自由《フリー》に・無料《フリー》で利用できるようになる可能性が生まれている。

だが、そうだとしても、テクノロジーが発展し、知識が「フリー」化することによって、「資本主義的私有の最期を告げる鐘が鳴る」だろうと安易に予想することはできない。本源的な生産手段であり生活手段でもある土地の私有が残されるからである。脱領土（土地）化され流動《フロー》化された資本は金融商品だけではなく、土地（不動産）にも大量に流れ込んでいる。多くの土地が生産手段（工場や店舗）にも生活手段（住居）にもなることなく投機的に売買され、不動産バブルの発生と崩壊が繰り返されている。マルクスは、資本主義的生産様式を超える新たな生産様式は生産手段の共有（「フリー」化）だけでなく「土地の共同占有」をも基礎とするとはっきりと述べていた。[*41] それは、「資本主義的な外皮」が「爆破」される「一点」に到達しなければ実現しないだろう。「権力を取らずに世界を変える」ことは決してできないのである。[*42]

生成の絶対的運動へ

マルクスは、『資本論』の草稿のなかで、「偏狭なブルジョア的形態が剥ぎ取られれば、富は、普遍的な交換によって作り出される、諸個人の諸欲求、諸能力、諸享楽、生産諸力、等々の普遍性でなくて何であろう？ 富は、生産諸力に対する、すなわち、いわゆる自然がもつ諸力、並びに、人間自身の自然がもつ諸力に対する、人間の支配の十全な発展でなくて何であろう？」と問いかけている。[*43] 資本主義は、「自然科学の最高度までの発展」と「新たな欲求の発見・創造・充足」を通じて、[*44]「偏狭なブルジョア的形態」の下での富の偏在を伴いながらも、社会全体としては目も眩むほどの膨大な富を積み上げてきた。マルクスが「資本の偉大な文明化作用」と呼んだ資本主義のポジティヴな側面であるが、[*45] 今日では、「巨大の商品の集まり」は、その大半が金融商品によって占められており、もはや、社会の富の現れとは言い難いものになっている。

現代資本主義が抱えているもっとも深刻な問題は、トマ・ピケティが指摘したような富の格差ではなく、[*46] 富を資本主義的な方法で生産することが困難になったことである。確実に利潤が得られるという見込みが立たなくなったことで、少なくとも先進国においては、資本を生産手段と労働力に投じ、新たな生産手段と生活手段を生産しようとする積極的な理由がなくなった。私的所有権は、資源の効率的活用を保障するという観点からしばしば擁護されてきたが、今日では、資源の有効利用につながらないだけでなく、労働者と生産手段・生活手段が結びつくことを妨げる要因になっている。

資本主義を乗り越えるということは、富を資本主義とは別の仕方で生産することが可能になると同時に、「巨大な商品の集まり」という富の現れ方も変わるということである。マルクスは、右の問いかけに続けて次のように述べている。

富は、先行の歴史的発展以外には何も前提しないで、人間の創造的諸素質を絶対的に表出することでなくて何であろう？　そしてこの歴史的発展は、発展のこのような総体性を、すなわち、既存の尺度では測れないような、あらゆる人間的諸力そのものの発展の総体性を、その自己目的にしているのではないのか？　そこでは人間は、自分を何らかの規定性において再生産するのではなく、自分の総体性を生産するのではないのか？　そこでは人間は、何か既成のものに留まろうとするのではなく、生成の絶対的運動の渦中にあるのではないのか？[*47]

富が労働の対象化された商品という形を取るのではなく、「人間の創造的諸素質」の絶対的表出となったとき、もはやそれは価値や利潤といった「既存の尺度」で測ることはできないだろう。個別労働者を「不具化（Verkrüpplung）」するような労働力の一面的な使用ではなく、[*48]「あらゆる人間的諸力」を総体的に発展させること。抑圧に抗しながらも、階級、人種、性、宗教等に基づく「何らかの規定性」に、「……である」という同一性《アイデンティティ》に留まるのではなく、「生成の絶対的運動の渦中」にあって「……になる」という潜勢力を保ち続けること。資本主義の下では貧しさ（失業）を意味するものでしかない自由を豊かさ（富）に反転させること。このような転換のための条件が、グローバリゼーションと金融化、さらには、知識の「フリー」化によって資本主義的生産様式（資本・賃労働関係）の支配が揺るがされるなかで、徐々に整いつつある。

＊1　一九九〇年代に書かれた『長い二〇世紀』では、アメリカの次のヘゲモニーの担い手は日本と目されていたが、最晩年の二〇〇七年に刊行された『北京のアダム・スミス』では、中国に変更された。

＊2　アントニオ・ネグリ＝マイケル・ハート、『〈帝国〉』、参照。

＊3　デヴィッド・ハーヴェイ、『資本主義の終焉』、参照。

＊4　Immanuel Wallerstein et al., *Does Capitalism Have a Future?*, pp. 9-26、参照。

＊5　ポール・メイソン、『ポストキャピタリズム』、参照。

＊6　ヴォルフガング・シュトレーク、『資本主義はどう終わるのか』、参照。

＊7　カール・マルクス＝フリードリヒ・エンゲルス、『マルクス＝エンゲルス全集』第四巻、四八一ページ

＊8　『マルクス＝エンゲルス全集』第七巻、四五〇ページ

＊9　『マルクス＝エンゲルス全集』第二九巻、一二一、一八一ページ

＊10　カール・マルクス、『資本論』(3)、四三七ページ

＊11　『資本論』(3)、四三七―四三八ページ

＊12　『資本論』(6)、四〇八ページ

＊13　カール・マルクス、『資本論草稿集』②、一九ページ

＊14　『マルクス＝エンゲルス全集』第三四巻、二九七ページ

＊15　ジョヴァンニ・アリギ、『長い二〇世紀』、参照。

＊16　ロナルド・ドーア、『金融が乗っ取る世界経済』、一〇ページ、参照。

＊17　ゴータム・ムクンダ、「『ウォール街資本主義』の歪みを

正す」、九四ページ、参照。

＊18 Özgür Orhangazi, *Financialization and the US Economy*, p. 11、参照。

＊19 デヴィッド・ハーヴェイ、『資本の〈謎〉』、三八―三九ページ、参照。

＊20 『資本論』(7)、四九八ページ

＊21 『資本論』(7)、四八八ページ

＊22 『資本論』(7)、四九二ページ

＊23 『資本論』(7)、四九九ページ

＊24 『資本論』(7)、四八九ページ

＊25 Suzanne J. Konzelmann, "The Political Economics of Austerity," p. 704, Fig. 1.

＊26 Carlos Garriga et al., "Household Debt and the Great Recession," p. 184, Fig. 1.

＊27 フランソワ・シエネ、『不当な債務』、参照。

＊28 『資本論』(1)、七一ページ

＊29 Gérard Duménil and Dominique Lévy, "Costs and Benefits of Neoliberalism: A Class Analysis," p. 38、参照。

＊30 GEの金融部門であるGEキャピタルは、二〇〇三年の同社の利潤の四二%を、GMの金融子会社GMACは、二〇〇四年のGMの収益全体のおよそ八〇%をそれぞれ生み出したと言われている。Robin Blackburn, "Finance and the fourth dimension," p. 44、参照。

＊31 社会学者のサスキア・サッセンによれば、ニューヨークで働く常勤男性の実質賃金は、上位一〇%の高所得者層では、一九七九年から一九九六年にかけて、二六%増えたが、下位一〇%の低所得者層では、二一%も低くなったという。サスキア・サッセン、『グローバル・シティ』、二五五ページ、参照。

＊32 『資本論』(1)、二九七ページ

＊33 ジョン・メイナード・ケインズ、『雇用・利子および貨幣の一般理論』、三二ページ

＊34 『資本論』(1)、七一ページ

＊35 ロバート・ブレナー、「所有と進歩」、二二二―二二五ページ、参照。

＊36 ジェームズ・C・スコット、『モーラル・エコノミー』、参照。

＊37 『マルクス＝エンゲルス全集』、第一巻、一三三ページ

＊38 『マルクス＝エンゲルス全集』、第一九巻、二〇ページ

＊39 知的所有権の侵害は英語では「海賊行為（piracy）」と呼ばれているが、資本が海賊（戦争機械）と同根であることを考えれば、実に含蓄のある用語法である。

＊40 『資本論草稿集』②、四九二ページ

＊41 『資本論』(3)、四三八ページ

＊42 ジョン・ホロウェイ、『権力を取らずに世界を変える』、参照。若きマルクスは、まさにこの点を巡って、フラン

スの無政府主義者《アナーキスト》プルードンと袂を分かったのである。

＊43 『資本論草稿集』②、一三七－一三八ページ

＊44 『資本論草稿集』②、一六ページ

＊45 『資本論草稿集』②、一八ページ

＊46 トマ・ピケティ、『二一世紀の資本』、第一二章、参照。

＊47 『資本論草稿集』②、一三七－一三八ページ

＊48 『資本論』(2)、二三七ページ

参考文献（外国語文献の引用に際し、邦訳があるものは、基本的にそれに従ったが、必要に応じて、原文を参照の上、訳文を修正した）

赤尾光春、向井直己・編［二〇一七］『ユダヤ人と自治——中東欧・ロシアにおけるディアスポラ共同体の興亡』、岩波書店

Aristotelis［1957］*Politica*, recognovit brevique adnotatione critica instruxit W.D. Ross, Oxonii、アリストテレス、『政治学』、山本光雄・訳、岩波書店（岩波文庫）

Arrighi, Giovanni［1994］*The Long Twentieth Century*, Verso、ジョヴァンニ・アリギ、『長い二〇世紀——資本、権力、そして現代の系譜』、土佐弘之・監訳、［二〇〇九］、作品社

Arrighi, Giovanni［2007］*Adam Smith in Beijing: The Lineages of the Twenty-first Century*, Verso、ジョヴァンニ・アリギ、『北京のアダム・スミス——二一世紀の諸系譜』、中山智香子ほか・訳、［二〇一一］、作品社

Bauer, Bruno［1843］*Die Judenfrage*, Braunschweig、ブルーノ・バウアー、『ユダヤ人問題』（抄訳）、篠原敏昭・訳、良知力、廣松渉・編、『ユダヤ人問題（ヘーゲル左派論叢第三巻）』、［一九八六］、御茶の水書房、所収

Blackburn, Robin［2006］"Finance and the Fourth Dimension," *New Left Review*, 39

Boyer, Robert［1990］"The Capital Labour Relations in OECD Countries: From the Fordist 'Golden Age' to Contrasted National Trajectories," *CEPREMAP Working Papers*, no. 9020、ロベール・ボワイエ、「ＯＥＣＤ諸国における資本－労働関係——フォーディズムの『黄金時代』から対照的な国民的軌道へ」、伊藤正純・訳、ロベール・ボワイエ、山田鋭夫・編、『危機——資本主義』、［一九九三］、藤原書店、所収

Bowles, Samuel, Edwards, Richard, and Frank Roosevelt［2005］*Understanding Capitalism: Competition, Command, and Change*, 3rd ed., Oxford University Press

Braudel, Fernand［1966］*La Méditerranée et le monde méditerranéen à l'époque de Philippe II*, I, II, Armand Colin, 1991-1994、

フェルナン・ブローデル、『地中海』①―⑩、浜名優美・訳、藤原書店
Braverman, Harry［1974］*Labor and Monopoly Capital: The Degradation of Work in the Twenty Century*, Monthly Review Press、ハリー・ブレイヴァマン、『労働と独占資本』、富沢賢治・訳、［一九七八］、岩波書店
Brenner, Robert［2007］"Property and Progress: Where Adam Smith Went Wrong," in Ch. Wickham (ed.), *Marxist History-Writing for the Twenty-first Century*, Oxford University Press、ロバート・ブレナー、「所有と進歩――アダム・スミスはどこで誤ったのか」、沖公祐・訳、ロバート・ブレナー、『所有と進歩――ブレナー論争』、長原豊・監訳、［二〇一三］、日本経済評論社、所収
Chesnais, François［2011］*Les dettes illégitimes: quand les banques font main basse sur les politiques publiques*, Éditions Raisons D'Agir、フランソワ・シェネ、『不当な債務――いかに金融権力が、負債によって世界を支配しているか？』、長原豊、松本潤一郎・訳、［二〇一七］、作品社
Chiapello, Eve［2007］"Accounting and the Birth of the Notion of Capitalism," *Critical Perspectives on Accounting* 18
Clark, Gregory［2007］*A Farewell to Alms: A Brief Economic History of the World*, Princeton University Press、グレゴリー・クラーク、『一〇万年の世界経済史』（上）・（下）、久保恵美子・訳、［二〇〇九］、日経ＢＰ社
Crouch, Colin［2005］*Post-democracy*, Polity Press、コリン・クラウチ、『ポスト・デモクラシー――格差拡大の政策を生む政治構造』、近藤隆文・訳、［二〇〇七］、青灯社
Deleuze, Gilles, et Félix Guattari［1980］*Mille plateau: Capitalisme et schizophrénie*, Les Éditions de Minuit、ジル・ドゥルーズ＝フェリックス・ガタリ、『千のプラトー――資本主義と分裂症』上・中・下、宇野邦一ほか・訳、［二〇一〇］、河出書房新社（河出文庫）
Deleuze, Gilles, et Félix Guattari［1991］*Qu'est-ce que la philosophie?*, Les Éditions de Minuit、ジル・ドゥルーズ＝フェリックス・ガタリ、『哲学とは何か』、財津理・訳、［二〇一二］、河出書房新社（河出文庫）

Dobb, Maurice Herbert〔1946〕*Studies in the Development of Capitalism*, Routledge & Kegan Paul、モーリス・ドッブ、『資本主義発展の研究』Ⅰ・Ⅱ、京大近代史研究会・訳、〔一九五四〕、岩波書店

ドーア、ロナルド〔二〇一一〕『金融が乗っ取る世界経済――二一世紀の憂鬱』、中央公論新社（中公新書）

Duménil, Gérard, and Dominique Lévy〔2005〕"Costs and Benefits of Neoliberalism: A Class Analysis," in Gerald Epstein (ed.), *Financialization and the World Economy*, Edward Elgar

Foucault, Michel〔1975〕*Surveiller et punir: Naissance de la prison*, Gallimard、ミシェル・フーコー、『監獄の誕生――監視と処罰』、田村俶・訳、〔一九七七〕、新潮社

Galbraith, John Kenneth〔1975〕*Money: Where It Come, Where It Went*, Houghton Mifflin、ジョン・K・ガルブレイス、『マネー――その歴史と展開』、都留重人・監訳、〔一九七六〕、TBSブリタニカ

Garriga, Carlos, Noeth, Bryan J., and Don Schlagenhauf〔2017〕"Household Debt and the Great Recession," *Federal Reserve Bank of St. Louis Review*, Vol. 99, no. 2

Gilpin, Robert〔2000〕*The Challenge of Global Capitalism: The World Economy in the 21st Century*, Princeton University Press、ロバート・ギルピン『グローバル資本主義――危機か繁栄か』、古城佳子・訳、〔二〇〇一〕、東洋経済新報社

Glyn, Andrew〔2006〕*Capitalism Unleashed: Finance, Globalization, and Welfare*, Oxford University Press、アンドルー・グリン、『狂奔する資本主義――格差社会から新たな福祉社会へ』、横川信治、伊藤誠・訳、〔二〇〇七〕、ダイヤモンド社

Hardt, Michael, and Antonio Negri〔2000〕*Empire*, Harvard University Press、アントニオ・ネグリ＝マイケル・ハート、『〈帝国〉――グローバル化の世界秩序とマルチチュードの可能性』、水嶋一憲ほか・訳、〔二〇〇三〕、以文社

Hardt, Michael, and Antonio Negri〔2005〕*Multitude: War and Democracy in the Age of Empire*, Penguin Random House、アントニオ・ネグリ＝マイケル・ハート、『マルチチュード――〈帝国〉時代の戦争と民主主義』（上）（下）、幾島幸

子・訳、〔二〇〇五〕、NHK出版

Harvey, David〔2010〕*The Enigma of Capital: And the Crises of Capitalism*, Oxford University Press、デヴィッド・ハーヴェイ、『資本の〈謎〉——世界金融恐慌と二一世紀資本主義』、森田成也ほか・訳、〔二〇一二〕、作品社

Harvey, David〔2014〕*Seventeen Contradictions and the End of Capitalism*, Profile Books、デヴィッド・ハーヴェイ、『資本主義の終焉——資本の一七の矛盾とグローバル経済の未来』、大屋定晴ほか・訳、〔二〇一七〕、作品社

Heidegger, Martin〔1927〕*Sein und Zeit*, in *Heidegger Gesamtausgabe*, I-2, Klostermann, 1977、マルティン・ハイデガー、『存在と時間』一－四、熊野純彦・訳、〔二〇一三〕、岩波書店（岩波文庫）

Hirst, Paul, Grahame Thompson, and Simon Bromley〔2015〕*Globalization in Question*, 3rd ed., Polity Press

Hobbes, Thomas〔1651〕*Leviathan*, Revised student edition, edited by R Tuck, Cambridge University Press, 1996、トマス・ホッブズ、『リヴァイアサン』一－四、水田洋・訳、〔一九九二／一九八二〕、岩波書店（岩波文庫）

Hobsbawm, Eric〔1969〕*Bandits*, Revised edition, The New Press, 2000、エリック・ホブズボーム、『匪賊の社会史』、船山榮一・訳、〔二〇一一〕、筑摩書房（ちくま学芸文庫）

Holloway, John〔2005〕*Change the World without Taking Power: The Meaning of Revolution Today*, New ed., Pluto Press、ジョン・ホロウェイ『権力を取らずに世界を変える』、大窪一志、四茂野修・訳、〔二〇〇九〕、同時代社

Ingham, Geoffrey〔2004〕*The Nature of Money*, Polity Press

伊藤誠〔二〇〇六〕『『資本論』を読む』、講談社（講談社学術文庫）

Kantorowicz, Ernst H.〔1957〕*The King's Two Bodies: A Study in Mediaeval Political Theology*, Princeton University Press、エルンスト・H・カントーロヴィチ、『王の二つの身体——中世政治神学研究』（上）・（下）、小林公・訳、〔二〇〇三〕、筑摩書房（ちくま学芸文庫）

Keynes, John Maynard〔1936〕*The General Theory of Employment, Interest and Money*, in *The Collected Writings of John May-*

nard Keynes, vol. 7, Macmillan, 1973、ジョン・メイナード・ケインズ、『雇用・利子および貨幣の一般理論』、塩野谷祐一・訳、［一九九五］、東洋経済新報社

Konzelmann, Suzanne J.［2014］“The Political Economics of Austerity,” *Cambridge Journal of Economics*, Vol. 38, Issue 4

Kiyotaki, Nobuhiro, and Randall Wright［1989］“On Money as a Medium of Exchange,” *Journal of Political Economy*, Vol. 97, No. 4

Lefort, Claude［1981］*L'invention démocratique: Les limites de la domination totalitaire*, Fayard、クロード・ルフォール、『民主主義の発明——全体主義の限界』、渡名喜庸哲ほか・訳、［二〇一七］、勁草書房

Laakso, Seija-Riitta［2006］*Across the Oceans: Development of Overseas Business Information Transmission 1815-1875*, Finnish Literature Society、セイヤ＝リータ・ラークソ、『情報の世界史——外国との事業情報の伝達一八一五—一八七五』、玉木俊明・訳、［二〇一四］、知泉書館

Le Goff, Jacques［2010］*Le Moyen Âge et l'argent*, Perrin、ジャック・ル＝ゴフ、『中世と貨幣——歴史人類学的考察』、井上櫻子・訳、［二〇一五］、藤原書店

レーニン［二〇〇六］『帝国主義論』、角田安正・訳、光文社（光文社古典新訳文庫）

Locke, John［1689］*Two Treatise of Government*, edited by M. Goldie, Everyman, 1993、ジョン・ロック、『完訳 統治二論』、加藤節・訳、［二〇一〇］、岩波書店（岩波文庫）

Lovjoy, Arthur Oncken［1961］*Reflections on Human Nature*, The Johns Hopkins Press、アーサー・O・ラヴジョイ、『人間本性考』、鈴木信雄ほか・訳、［一九九八］、名古屋大学出版会

Maddison, Angus［1991］*Dynamic Forces in Capitalist Development: A Long-run Comparative View*, Oxford University Press

Marazzi, Christian［1999］*Il posto dei calzini: la svolta linguistica dell'economia e i suoi effetti sulla politica*, Bollati Boringhieri Editore、クリスティアン・マラッツィ『現代経済の大転換——コミュニケーションが仕事になるとき』、多賀

健太郎・訳、〔二〇〇九〕、青土社
Marglin, Stephen〔1974〕"What Do Bosses Do?: The Origins and Functions of Hierarchyin the Capitalist Production," *Review of Radical Political Economics*, 6（2）、スティーヴン・マーグリン、「ボスたちは何をしているか――資本主義的生産におけるヒエラルキーの起源と機能」、青木昌彦・編著、『ラディカル・エコノミクス』、〔一九七三〕、中央公論社、所収
Marx, Karl〔1841〕"Differenz der demokritischen und epikureischen Naturphilosophie," in *Marx-Engels Werke (MEW)*, 40, Dietz Verlag, 1968、カール・マルクス、「デモクリトスの自然哲学とエピクロスの自然哲学の差異」、中山元・訳、『マルクス・コレクションI』、〔二〇〇五〕、筑摩書房、所収
Marx, Karl〔1852〕"Der 18. Brumaire des Louis Bonaparte," in *Marx-Engels Gesamtausgabe (MEGA)*, I-11, Dietz Verlag, 1985、カール・マルクス、『ルイ・ボナパルトのブリュメール一八日』、横張誠・訳、『マルクス・コレクションI』、〔二〇〇五〕、筑摩書房、所収
Marx, Karl〔1857-58〕*Ökonomische Manuskripte 1857/58*, in *Marx-Engels Gesamtausgabe (MEGA)*, II-1.1, 1.2, Dietz Verlag, 1976/81、カール・マルクス、『資本論草稿集』①・②、資本論草稿集翻訳委員会・訳、〔一九八一／九七〕、大月書店
Marx, Karl〔1858-61〕*Ökonomische Manuskripte und Schriften 1858-1861*, in *Marx-Engels Gesamtausgabe*（*MEGA*）, II-2, Dietz Verlag, 1980、カール・マルクス、『資本論草稿集』③、資本論草稿集翻訳委員会・訳、〔一九八四〕、大月書店
Marx, Karl〔1859〕*Zur Kritik der Politischen Ökonomie*, in *Marx-Engels Werke (MEW)*, 13, Dietz Verlag, 1978、カール・マルクス、『経済学批判』、杉本俊朗・訳、〔一九六六〕、大月書店（国民文庫）
Marx, Karl〔1863-65〕"Resultate des unmittelbaren Produktionsprozesses," in *Marx-Engels Gesamtausgabe (MEGA)*, II-4.1, Dietz Verlag, 1987、カール・マルクス、『直接的生産過程の諸結果』、岡崎次郎・訳、〔一九七〇〕、大月書店（国民文

庫）

Marx, Karl〔1867〕*Das Kapital: Kritik der politischen Ökonomie*, Bd. 1, Erste Auflage, Verlag von Otto Meissner、カール・マルクス、『資本論第一巻初版』、岡崎次郎・訳、〔一九七六〕、大月書店（国民文庫）

Marx, Karl〔1890/85/94〕*Das Kapital: Kritik der politischen Ökonomie*, in *Marx-Engels Werke (MEW)*, 23, 24, 25, Dietz Verlag, 1962-64、カール・マルクス、『資本論』(1)－(9)、岡崎次郎・訳、〔一九七二〕、大月書店（国民文庫）

Marx, Karl, und Friedrich Engels〔1839-1844〕*Marx-Engels Werke (MEW)*, 1, Dietz Verlag, 1956、カール・マルクス＝フリードリヒ・エンゲルス、『マルクス＝エンゲルス全集』第一巻、大内兵衛、細川嘉六・監訳、〔一九五九〕、大月書店

Marx, Karl, und Friedrich Engels〔1844-1846〕*Marx-Engels Werke (MEW)*, 2, Dietz Verlag, 1957、カール・マルクス＝フリードリヒ・エンゲルス、『マルクス＝エンゲルス全集』第二巻、大内兵衛、細川嘉六・監訳、〔一九六〇〕、大月書店

Marx, Karl, und Friedrich Engels〔1845-1846〕*Marx-Engels Werke (MEW)*, 3, Dietz Verlag, 1958、カール・マルクス＝フリードリヒ・エンゲルス、『マルクス＝エンゲルス全集』第三巻、大内兵衛、細川嘉六・監訳、〔一九六三〕、大月書店

Marx, Karl, und Friedrich Engels〔1846-1848〕*Marx-Engels Werke (MEW)*, 4, Dietz Verlag, 1957、カール・マルクス＝フリードリヒ・エンゲルス、『マルクス＝エンゲルス全集』第四巻、大内兵衛、細川嘉六・監訳、〔一九六〇〕、大月書店

Marx, Karl, und Friedrich Engels〔1849-1851〕*Marx-Engels Werke (MEW)*, 7, Dietz Verlag, 1960、カール・マルクス＝フリードリヒ・エンゲルス、『マルクス＝エンゲルス全集』第七巻、大内兵衛、細川嘉六・監訳、〔一九六一〕、大月書店

Marx, Karl, und Friedrich Engels［1856-1859］*Marx-Engels Werke (MEW)*, 29, Dietz Verlag, 1963、カール・マルクス＝フリードリヒ・エンゲルス、『マルクス＝エンゲルス全集』第二九巻、大内兵衛、細川嘉六・監訳、［一九七二］、大月書店

Marx, Karl, und Friedrich Engels［1875-1880］*Marx-Engels Werke (MEW)*, 34, Dietz Verlag, 1966、カール・マルクス＝フリードリヒ・エンゲルス、『マルクス＝エンゲルス全集』第三四巻、大内兵衛、細川嘉六・監訳、［一九七二］、大月書店

Marx, Karl, und Friedrich Engels［1875-1883］*Marx-Engels Werke (MEW)*, 19, Dietz Verlag, 1962、カール・マルクス＝フリードリヒ・エンゲルス、『マルクス＝エンゲルス全集』第一九巻、大内兵衛、細川嘉六・監訳、［一九六八］、大月書店

Mason, Paul［2015］*Postcapitalism: A Guide to Our Future*, Allen Lane、ポール・メイソン、『ポストキャピタリズム――資本主義以後の世界』、佐々とも・訳、［二〇一七］、東洋経済新報社

Mauss, Marcel［1950］"Essai sur le don: forme et raison de l'échange dans les sociétés archaïques," in Marcel Mauss, *Sociologie et anthropologie*, précédé d'une introduction à l'œuvre de Marcel Mauss, par Claude Lévi-Strauss, 3e éd, Presses universitaires de France, 1989、マルセル・モース、『贈与論（他二篇）』、森山工・訳、岩波書店（岩波文庫）

Menger, Carl［1892］"On the Origin of the Money," *The Economic Journal*, Vol. 2, No. 6

Mitchell, Brian R.（ed.）［1988］*British Historical Statistics*, Cambridge University Press、ブライアン・R・ミッチェル、『イギリス歴史統計』、中村壽男・訳、［一九九五］、原書房

森建資［一九八八］『雇用関係の生成――イギリス労働政策史序説』、木鐸社

Mukunda, Gautam［2014］"The Price of Wall Street's Power," *Harvard Business Review*, June 2014、ゴータム・ムクンダ、「『ウォール街資本主義』の歪みを正す」、『ハーバード・ビジネス・レビュー』、二〇一四年一二月号

Mun, Thomas〔1664〕*England's Treasure by Forraign Trade. Or, the Ballance of our Forraign Trade is the Rule of our Treasure*, Basil Blackwell, 1949、トマス・マン、『外国貿易によるイングランドの財宝』、渡辺源次郎・訳、〔一九六五〕、東京大学出版会

Nietzsche, Friedrich〔1887〕*Zur Genealogie der Moral*, in *Nietzsche Werke: Kritische Gesamtausgabe*, Abt. 6, Bd. 2, Walter de Gruyter, 1968、フリードリッヒ・ニーチェ、『道徳の系譜』、信太正三・訳、『ニーチェ全集』一一、〔一九九三〕、筑摩書房（ちくま学芸文庫）、所収

置塩信雄、鶴田満彦、米田康彦〔一九八八〕『経済学』、大月書店

Panitch, Leo, and Sam Gindin〔2012〕*The Making of Global Capitalism: The Political Economy of American Empire*, Verso、レオ・パニッチ＝サム・ギンディン、『グローバル資本主義の形成と現在――いかにアメリカは、世界的覇権を構築してきたか』、長原豊・監訳、〔二〇一八〕、作品社

Piketty, Thomas〔2014〕*Capital in the Twenty-First Century*, trans. by Arthur Goldhammer, Harvard University Press、トマ・ピケティ、『二一世紀の資本』、山形浩生ほか・訳、〔二〇一四〕、みすず書房

Proudhon, Pierre Joseph〔1840〕*Qu'est-ce que la propriété?*, Le Livre de Poche, 2009、ピエール＝ジョセフ・プルードン、『所有とは何か』、長谷川進・訳、『プルードンIII』、〔一九七一〕、三一書房、所収

Proudhon, Pierre Joseph〔1846〕*Système des contradictions économiques ou Philosophie de la misère*, 1, 2, Adamant Media Corporation, 2002、ピエール＝ジョセフ・プルードン、『貧困の哲学』（上）・（下）、斉藤悦則・訳、〔二〇一四〕、平凡社

大野威〔二〇〇三〕『リーン生産方式の労働』、御茶の水書房

Orhangazi, Özgür〔2008〕*Financialization and the US Economy*, Edward Elgar

Quesnay, François〔2005〕*Œuvres économiques complètes et autres textes*, 2 volumes, édités par Christine Théré, Loïc Charles

et Jean-Claude Perrot, INED、フランソワ・ケネー、『経済表』、平田清明、井上泰夫・訳、〔二〇一三〕、岩波書店（岩波文庫）
Robertson, Roland〔1992〕*Globalization: Social Theory and Global Culture*, Sage、ローランド・ロバートソン、『グローバリゼーション――地球文化の社会理論』、阿部美哉・訳、〔一九九七〕、東京大学出版会
Rousseau, Jean-Jacques〔1754〕*Discours sur l'origine et les fondements de l'inégalité parmi les hommes*, Éditions Sociales, 1954、ジャン＝ジャック・ルソー、『人間不平等起原論』、小林善彦・訳、『世界の名著三〇 ルソー』、〔一九六六〕、中央公論社、所収
Sassen, Saskia〔2001〕*The Global City: New York, London, Tokyo*, 2nd ed., Princeton University Press、サスキア・サッセン、『グローバル・シティ――ニューヨーク・ロンドン・東京から世界を読む』、大井由紀、高橋華生子・訳、〔二〇〇八〕、筑摩書房
Scott, James C.〔1976〕*The Moral Economy of the Peasant Rebellion and Subsistence in Southeast Asia*, Yale University Press、ジェームズ・C・スコット、『モーラル・エコノミー――東南アジアの農民叛乱と生存維持』、高橋彰・訳、〔一九九九〕、勁草書房
Sehgal, Kabir〔2015〕*Coined: The Rich Life of Money and How Its History Has Shaped Us*, Grand Central Publishing、カビール・セガール、『貨幣の「新」世界史――ハンムラビ法典からビットコインまで』、小坂恵理・訳、〔二〇一六〕、早川書房
Smith, Adam〔1754〕*The Theory of Moral Sentiments*, in *The Glasgow Edition of theWorks and Correspondence of Adam Smith*, vol.I, edited by D. D. Raphael and A. L. Macfie, Clarendon Press, 1976、アダム・スミス、『道徳感情論』、高哲男・訳、講談社（講談社学術文庫）
Smith, Adam〔1776〕*An Inquiry into the Nature and Causes of the Wealth of Nations*, in *TheGlasgow Edition of the Works and*

Correspondence of Adam Smith, vol.II-1,2, editedby R.H. Campbell and A.S. Skinner; textual editor, W.B. Todd, Clarendon Press, 1976、アダム・スミス、『国富論』一―四、水田洋・監訳、〔二〇〇〇―〇一〕、岩波書店（岩波文庫）

Soll, Jacob〔2014〕*The Reckoning: Financial Accountability and the Rise of Nations*, Basic Books、ジェイコブ・ソール、『帳簿の世界史』、村井章子・訳、〔二〇一五〕、文藝春秋

Steuart, James〔1752〕*An Inquiry into the Principles of Political OEconomy*, in *Collected Works of James Steuart*, vol.I-IV, Routledge, 1995、ジェームズ・ステュアート、『経済の原理』第一・第二編、第三・第四・第五編、小林昇・監訳、〔一九九八／九三〕、名古屋大学出版会

Streeck, Wolfgang〔2016〕*How will Capitalism End?: Essays on a Failing System*, Verso、ヴォルフガング・シュトレーク、『資本主義はどう終わるのか』、村澤真保呂、信友建志・訳、〔二〇一七〕、河出書房新社

Taylor, Frederick W.〔1911〕*The Principles of Scientific Management*, Harper、フレデリック・W・テイラー、『新訳 科学的管理法』、有賀裕子・訳、〔二〇〇九〕ダイヤモンド社

Teschke, Benno〔2003〕*The Myth of 1648: Class, Geopolitics and the Making of Modern International Relations*, Verso、ベンノ・テシィケ、『近代国家体系の形成――ウェストファリアの神話』、君塚直隆・訳、〔二〇〇八〕、桜井書店

Toner, Jerry〔2014〕*How to Manage Your Slaves by Marcus Sidonius Falx*, Profile Books、ジェリー・トナー、『奴隷のしつけ方』、橘明美・訳、〔二〇一五〕、太田出版

臼井隆一郎〔二〇〇一〕「資本主義の冥界――『資本論』の言語態」、臼井隆一郎、高村忠明・編、『記憶と記録』、東京大学出版会、所収

宇野弘蔵〔二〇一〇〕『恐慌論』、岩波書店（岩波文庫）

Wallerstein, Immanuel〔1995〕*Historical Capitalism, with Capitalist Civilization*, 2nd ed., Verso、イマニュエル・ウォーラーステイン、『新版 史的システムとしての資本主義』、川北稔・訳、〔一九九七〕、岩波書店

Wallerstein, Immanuel, Randall Collins, Michael Mann, Georgi Derluguian and Craig Calhoun［2013］*Does Capitalism Have a Future?*, Oxford University Press

ウェザーズ、チャールズ［二〇一〇］『アメリカの労働組合運動――保守化傾向に抗する組合の活性化』、前田尚作・訳、昭和堂

Williams, Eric［1944］*Capitalism and Slavery*, The University of North Carolina Press, 1994、エリック・ウィリアムズ、『資本主義と奴隷制――経済史から見た黒人奴隷制の発生と崩壊』、山本伸・監訳、［二〇〇四］、明石書店

Žižek, Slavoj［1991］*For They Know not What They Do: Enjoyment as a Political Factor*, Verso、スラヴォイ・ジジェク、『為すところを知らざればなり』、鈴木一策・訳、［一九九六］、みすず書房

読書案内

『資本論』をもっと知るために

沖 公祐

日本は翻訳大国と言われるが、とりわけ、『**資本論**』は、戦前から繰り返し翻訳されてきた。現在、新刊本として入手可能な訳書を出版年の古い順に並べると次の通りである。①岩波書店（岩波文庫、向坂逸郎・訳）、②大月書店（国民文庫、岡崎次郎・訳）、③新日本出版社（資本論翻訳委員会・訳）、④筑摩書房（マルクス・コレクション、今村仁司、三島憲一、鈴木直・訳）、⑤日経BP社（日経BPクラシックス、中山元・訳）。①は名義的には労農派の重鎮――日本のマルクス派の経済学者・歴史家は、戦前から講座派と労農派に分かれて争ってきた――向坂逸郎による翻訳となっているが、②を訳した岡崎次郎が事実上の訳者である。但し、①と②は同じものではなく、岡崎は②の出版に際して、新たに訳し直しており、②の方が訳文は練られている（以上の事情については、岡崎次郎の抜群に面白い自伝『マルクスに凭れて六十年』（青土社）に詳しいが、残念ながら絶版で入手が困難である）。③は講座派系の学者集団の共同訳であり、訳注が充実している。④はマルクスの専門家ではなく、哲学・現代思想の研究者による翻訳であり、旧来の業界用語《ジャーゴン》に囚われない新鮮な訳文が魅力である。⑤はプロの翻訳家の手によるものであり、訳文がこなれていて比較的読み易い。残念ながら④⑤は第一巻だけしか出版されていないので、『資本論』に本格的に取り組みたい場合には、②か③のいずれかを選ぶことになる。なお、本書の訳文は基本的に②によっている（必要に応じて一部改変してある）。

『資本論』は、全三巻からなり、マルクス自身が生前に出版した第一巻だけでも、原書で八〇〇頁を超える大部の著作である。マルクス特有の難解な文体もあり、『資本論』にいきなり挑戦するのは、かなりハードルが高い。そこで、『資本論』を読む前に、盟友エンゲルスとの共著『**共産党宣言**』（『共産党宣言・共産主義の諸原理』、講談社学術文庫、所収）で準備運動をしておこう。政治パンフレットゆえに粗さはあるが、文体に勢いがあり、一気に読める。**『賃労働と資本』**（岩波文庫）は、マルクスが『新ライン新聞』に連載した労働者向けの講義である。剰余価値理論のエッセンスが簡潔に示されており、マルクス自身の手による『資本論』入門として昔から定評がある。また、歴史に関心がある向きには、一八四八年のフランス二月革命が第二帝政に帰結するまでを描いた傑作ルポルタージュ**『ルイ・ボナパルトのブリュメール一八日』**（『マルクス・コレクションⅢ』、筑摩書房、所収）を薦める。『資本論』では積極的に語られていないマルクスの未来社会像を知りたければ、**『ゴータ綱領批判』**（『マルクス・コレクションⅥ』、筑摩書房、所収）を参照するとよい。

　マルクスの伝記は数多あるが、マルクスを無闇に神格化したり、悪魔扱いしたりする極端なものも少なくない。現代フランスの代表的知識人**ジャック・アタリ**の**『世界精神マルクス』**（作品社）は、マルクスの生涯を時代背景にも目を配りながらクールに叙述している。

　『資本論』という大海を旅するのに、解説書という海図を用意しておくのも悪くない。『資本論』の解説書は膨大な数に上るが、ここでは、全三巻をコンパクトにまとめた**伊藤誠『『資本論』を読む』**（講談社学術文庫）を挙げておく。但し、海図はあくまで海図である。大まかな見当をつけたら、解説書は脇において大海に漕ぎ出そう。

　『資本論』をベースとするマルクス経済学は日本において独自の発展を遂げてきた。なかでも、経済学研究は原理論・段階論・現状分析からなるとする宇野弘蔵の三段階論は多くの賛同者を集め、理論・実証に跨って宇野学派と呼ばれる研究者集団が形成された。**小幡道昭『経済原論』**（東京大学出版会）は、この流れを汲む著者が長年東京大学で行ってきた講義をテキストとしてまとめたものであり、マルクス経済学の基礎から最新の研究までを知ることができる。また、宇野理論を現代思想（とりわけドゥルーズ＝ガタリ）と邂逅させることによって、『資本論』の副題でもある「経済学批判」を現代において再開しようとする**長原豊『ヤサグレたちの街頭』**（航思社）の試みも刺激的である。

　『資本論』では、資本主義が特殊歴史的な社会システムであることが繰り返し強調されている。このことは、歴史学の領域において、封建制から資本主義への「移行」

を巡る論争を引き起こした。イマニュエル・ウォーラスティンの世界システム論もこの論争の産物と言えるが、ここでは、日本ではあまり知られていないブレナー論争の引き金となった**ロバート・ブレナー『所有と進歩』**（日本経済評論社）を紹介しておきたい。

近年のグローバリゼーションが意味するものを明らかにするためには、少なくとも二〇世紀初めにまで遡って資本主義の発展を丹念に跡づける必要がある。本書とはスタンスは異なるが、膨大な文献と資料に裏打ちされた**レオ・パニッチ＝サム・ギンディン『グローバル資本主義の形成と現在』**（作品社）はグローバリゼーション分析にとってきわめて有益な一書である。

あとがき

思えば二〇年以上『資本論』を読み続けてきたことになる。最初に『資本論』を読んだのは、留年して二度目の大学二年生をしていたときだったと思う。構内に貼られていたチラシに誘われ、古本屋で手に入れた全集版（五冊で五〇〇〇円だったと記憶している）を片手に、『資本論』の読書会に参加した。メンバーは、指南役の民青系の大学院生（後から考えればオルグ活動の一環だったのだろう）を除けば、自分を含めて二人しかいなかった。

私が大学に入学する前年の一九八九年、ベルリンの壁が崩れ、その後、ソ連をはじめとする社会主義諸国が雪崩を打って崩壊した。社会主義圏の解体を資本主義の勝利として言祝ぐフランシス・フクヤマの『歴史の終わり』が世界的なベストセラーとなり、日本では、バブルが終わっていたものの、その後二〇年以上に及ぶ長期不況に突入することになるとはまだ想像もされていない、そんな時代である。当時は、マルクスなど見向きもされず、セクトの学生でもなければ、『資本論』を手に取ること自体、かなり風変わりなことだった。そうした環境のなかで、私を『資本論』に向かわせたのは、資本主義が「歴史の終わり」であるはずがないという確信であった。その確信は今も変わらない。

一九九〇年代初めから四半世紀経った今日、世界の有様は大きく変わった。冷戦終結後のアメリカの政治的・経済的繁栄は、九・一一、さらには、「リーマン・ショック」に端を発する「大不況《グレート・リセッション》」によって、幕を閉じた。かつての東側諸国を飲み込みながら発展の一途を辿ってきたEUは、いまや公的債務問題と移民問題を巡って分裂の危機に陥っている。日本はバブル崩壊後の不況から脱することができず、今に至るまでの景気の低迷は「失われた二〇年」とも「失われた三〇年」とも呼ばれている。こうした現代の閉塞状況を受けて、さらには、『資本論』出版一五〇年、マルクス生誕二〇〇年という節目を迎えたこともあって、ここ最近、マルクスや『資本論』に関する書籍が相次いで出版されている。

『資本論』に対する関心が高まっていること自体は歓迎すべきことであるし、本書もそうした関心に応えるものであることを願う。しかし、他方で懸念もある。混迷した状況のなかで、安易に『資本論』のなかに答えを求めてしまうことへの懸念である。『資本論』は無謬ではないし、未来のすべてを見通した予言の書でもない。『資本論』には理論的な誤りもあったし、ヨーロッパで早晩革命が起きるというマルクスの読みも外れた。二〇〇年以上前に書かれた本のなかに、現代のあらゆる問題に対する解答が書かれているなどということはありえない。本当のマルクスや『資本論』の真意をもちだし、そうした主張をする入門書・概説書に出会ったら眉に唾をした方がよい。たとえそれが文献学的考証を根拠にしていてもである。

『資本論』から読み取るべきは最終的な答えではなく、開かれたままに残された膨大な問いである。その問いを受け止め、答えを紡いでいくのは私たち読者の仕事である。本書で示したのも私自身のそうした試みの一端である。

私が本書を書くことになったのは、編集者の中西豪士さんから『資本論』に関する一般向けの書物を書いてみないかという提案を受けたことがきっかけである。私にとっては二冊目の単著であるが、全編を書き下ろすというのははじめての経験であり、不安もあった。中西さんには、遅れがちな執筆を粘り強くサポートしていただいたばかりか、内容についても的確なアドヴァイスをたくさんいただいた。中西さんの存在なしには、本書の完成は覚束なかっただろう。

本書は基本的に書き下ろしであるが、執筆の過程でその一部を次の論文として発表している。

「資本と国家の弁証法——金融化に関する試論」、『現代思想』第四五巻第一一号、二〇一七年

この論文は本書第一章の一部を加筆修正したものである。

一人ひとりお名前を挙げることは差し控えるが、本書は、東北大学の学部時代、東京大学の大学院時代に出会った方々に多大な学恩を負っている。

経済史家の長原豊さんからはその該博な知識と大胆な立論によっていつも刺激をもらっている。長原さんとの出会いがなければ、私は疾うの昔にマルクス経済学の研究をやめていただろう。フランス現代思想の専門家である松本潤一郎さんは草稿の一部に目を通し、有益なコメントをしてくださった。本書の終章が当初予定していたものよりも踏み込んだ内容になっているのは松本さんの助言のおかげである。ケンブリッジ大学のトニー・ローソンさんには私の在外研究のスポンサーを引き受けていただいた。ケンブリッジでの研究成果と当地で目の当たりにしたイギリスの現実から本書は多くの着想を得ている。市田良彦さんには、科研費プロジェクト「「現代思想」と政治――マルクス主義・精神分析・政治哲学を軸とする歴史的・理論的研究」の末席に加えていただいた。プロジェクト研究会でさまざまな分野の研究者と議論できたことは私にとって得難い経験であった。

最後に、私事であるが、本書の完成は私の妻、沖美穂と息子、沖真之の理解と協力なしには不可能であった。愛犬のロビンは執筆の過程で煮詰まった頭を解きほぐしてくれた。また、幼くして亡くなった息子沖理太郎の生涯はつねに私の研究の指針をなしている。

二〇一八年一二月　　沖 公祐

沖 公祐（おき・こうすけ）
1971年、広島県生まれ。
東北大学経済学部卒業、東京大学大学院経済学研究科博士課程修了。博士（経済学）。現在、香川大学経済学部教授。専門は、経済理論、社会思想。
著書に、『余剰の政治経済学』（2012年、日本経済評論社）、『現代思想と政治——資本主義・精神分析・哲学』（2016年、平凡社、共著）、『現代の経済思想』（2014年、勁草書房、共著）、『政治経済学の政治哲学的復権——理論の理論的〈臨界－外部〉にむけて』（2011年、法政大学出版局、共著）など。

いま読む！名著
「富《とみ》」なき時代《じだい》の資本主義《しほんしゅぎ》
マルクス『資本論』を読み直す

2019年1月25日　第1版第1刷発行

著者　沖 公祐
編集　中西豪士
発行者　菊地泰博
発行所　株式会社現代書館
〒102-0072　東京都千代田区飯田橋3-2-5
電話 03-3221-1321　FAX 03-3262-5906　振替 00120-3-83725
http://www.gendaishokan.co.jp/
印刷所　平河工業社（本文）　東光印刷所（カバー・表紙・帯・別丁扉）
製本所　積信堂
ブックデザイン・組版　伊藤滋章

校正協力：高梨恵一

ISBN978-4-7684-1014-1
定価はカバーに表示してあります。乱丁・落丁本はおとりかえいたします。

活字で利用できない方のための
テキストデータ請求券
「富」なき時代の
資本主義